Klaus Berger

Manna, Mehl und Sauerteig

Korn und Brot im Alltag der frühen Christen

Quell

ISBN 3-7918-2223-3

© Quell Verlag, Stuttgart 1993
Printed in Germany · Alle Rechte vorbehalten
1. Auflage 1993
Umschlaggestaltung: Klaus Dempel
Umschlagbild: Frühchristliches Mosaik aus dem 5./6. Jahrhundert.
Tabgha (Israel). Kirche der Brotvermehrung
© Archiv für Kunst und Geschichte Berlin
Satz: Fotosatz Weyhing GmbH, Stuttgart
Druck: Maisch & Queck, Gerlingen

Inhalt

11 Zur Einführung

15 I Über den Wert des Brotes im Zeitalter Jesu

15 Kein Ersatz für Brot
16 Die große Masse der Menschen lebt vegetarisch
17 »Brot« steht für Nahrung überhaupt
18 Brot ist eine Gabe Gottes nach der Vertreibung aus dem Paradies
19 Das Brot wird zum Symbol überhaupt
20 *Das wahre Manna*
21 *Jesus als Brot nach apokryphen Evangelien und Apostelakten*

25 II Von der Aussaat bis zur Ernte

25 Gleichnisse über Saat und Ernte von Getreide
26 *Das Gleichnis vom Sämann*
28 *Die von selbst Frucht bringende Erde*
30 *Vom Unkraut unter dem Weizen*
32 Das Bild vom Sterben und Neuwerden des Weizenkorns
35 Die Erzählung vom Feuer im Weizen
37 Das Ährenraufen am Sabbat

42 **III Mahlen, Sieben und Bereitung des Brotes**

42 Kornmahlen in der Zeit des Neuen Testaments
45 Die beiden mahlenden Frauen
47 Martyrium als Gemahlenwerden
48 Das Gleichnis vom Esel in der Mühle
48 Das Gleichnis vom Mehlkrug
49 Mehlsiebe
50 Getreidemaße

51 **IV Fertigstellung und Verteilung des Brotes**

53 Sauerteig
53 *Zum praktischen Gebrauch von Sauerteig*
54 *Sauerteig als Bild im frühen Christentum*
57 *Das Gleichnis vom Sauerteig*
58 *Sauerteig als liturgisches Symbol*
59 Kneten, Salzen und Backen
59 *Zur praktischen Herstellung*
61 *Brot wird aus vielen Körnern eines*
62 Brotqualität und Brotsorten
66 Aufbewahrung
66 Brotformen
67 Brotzuteilung
70 Brotpreise

75 **V Das Brot in der täglichen Mahlzeit**

75 Die Vaterunserbitte
75 *Die genaue Übersetzung*
77 *Das zubemessene Brot*
78 *Zusammenhang mit Freiheit von der Sorge*
78 *Hintergrund in der Psalmenfrömmigkeit*
81 *Brotbitte und Epiklese*

82 Beikost zum Brot
82 *Zutaten zum Brot*
82   Brot ohne jede Zutat
83   Brot und Wasser
83   Brot und Salz
85   Brot und Öl?
85   Brot wird eingetunkt
88 *Beikost*
88   Beerenfrüchte (Oliven, Trauben)
88   Feigen
89   Gemüse und Zwiebeln
91   Honig
92   Fisch
92   Fleisch

93 Brotfasten
93 *Verzicht auf Brot als Element der Gottesbeziehung*
96 *Brotfasten als Ausdruck der Umkehr*

97 Brotbrechen
98 *Der Ausdruck »Brot brechen«*
98 *Brot teilen*
99 *Beginn der Mahlzeit*
100 *Jesus teilt das Brot*
101 *Mahlzeiten der frühen Christen*

103 *Brotteilen als das Mahl der Christen in heidnischer Umgebung*
105 *Der jüdische Hintergrund gerät in Vergessenheit*
106 *Probleme in Korinth*

109 Brotsegen und Tischgebet
109 *Schöpfungstheologie*
110 *Der Brotsegen macht das Herrenmahl*
113 *Das eine Brot und die vielen Mahlgäste*

114 Brot im weiteren Verlauf der Mahlzeit

115 Aufgesparte Brotteile und Krümel
115 *Der aufgesparte Brocken*
115 *Das Ende des jüdischen Mahles*
116 *Die Krümel und die übriggebliebenen Stücke*

119 **VI Die wunderbare Speisung mit Brot**

119 Nachahmung des Elisa

121 »…daß sie ihn zum König machten«

124 Ist die Brotvermehrung wirklich geschehen?

128 **VII Abendmahlsbrot**

128 Der Ablauf des gewöhnlichen jüdischen Mahles

130 Das Deutewort

132 Was bewirkt das Essen gesegneten Brotes?

136 **VIII Brot in der Diakonie**

139 **IX Schlußwort**

142 Anmerkungen

156 Verzeichnis der Bibelstellen

162 Literaturverzeichnis

168 Der Autor

Zur Einführung

Unser Christentum ist – mittlerweile in allen Konfessionen des Westens – fast gänzlich durch Aufklärung bestimmt, durch Ideen und Gedanken also, nicht durch Riten, durch Emanzipationen, nicht durch den Rhythmus des Alltäglichen, durch Theologie und nicht mehr durch Religion. Die Feste und die dazugehörigen Festmähler sind eingeebnet worden, und auch das alltägliche Essen hat den Schimmer des Festlichen verloren. Die Frage nach dem alltäglichen Prozeß der Broterstellung und den ebenso alltäglichen, doch durch heilige Ordnung geregelten Mählern der frühen Christen ist daher innerhalb moderner Theologie eine Herausforderung. Denn es geht um die Regelmäßigkeit des Alltäglichen, die man nicht besser veranschaulichen kann als durch Hinweis auf die täglichen, stundenlangen, dumpfen, rhythmischen Geräusche des Kornmahlens in fast jedem antiken Haus.
In diesem Buch soll für die Welt des Neuen Testaments möglichst genau folgendes geklärt werden:
– alle Vorgänge von der Getreidesaat bis zum Backen, vom Mahlbeginn bis zum Wegräumen der Krümel,
– die für heutige Maßstäbe unvorstellbar große Abhängigkeit der Menschen von guter Ernte, Getreidepreisen, geeigneten Mühlen und fleißigen Müllerinnen, die lange vor Tagesbeginn mit dem anstrengenden Mahlen beginnen mußten,
– die Art, in der Menschen in dieser Welt Christen waren, als solche also, die um Brot beteten und denen das Zusammenkommen beim Mahl Mitte und Wirklichkeit ihres Glaubens war,
– die Weise, in der dieses alles, das man so hautnah erleben konnte, zum Bild für die Botschaft des Evangeliums wurde in Metaphern und Gleichnissen. Denn am Ende konnte man sich

auch das Himmelreich nur als ein Mahl vorstellen. Und gerade Tod und Auferstehung werden immer wieder am Geschick des Getreidekorns und des Brotlaibs in der Erde, in der Mühle und im Backofen verdeutlicht.

Es geht mir nicht nur um die »Welt der kleinen Leute« dabei, und deren Emanzipation oder eine Sozialromantik sind hier nicht meine Motive. Denn Brot ist nicht nur eine Sache der kleinen Leute, sondern aller Leute. Und Thema sind nicht soziale Unterschichten, sondern der Unterbau des gesamten täglichen Lebens. Denn Brot ist zur Zeit des Neuen Testaments wahrhaft grundlegend für die schlichte Existenz und alle Kultur. Daher lautet die Frage: Was bestimmt die Wirklichkeit dieser Menschen? Und wenn es ganz wesentlich schlicht Brot ist, das diese Wirklichkeit elementar mitbestimmt – wo und wie wird in dieser Welt des antiken Hauses Christentum vollzogen und wie spiegelt diese Welt sich in dessen Bildern und Metaphern?

Es geht nicht nur um die Emanzipation der »kleinen Dinge«, sondern ich möchte dazu beitragen, sehr genau die konkrete Wirklichkeit wahrzunehmen. Es geht mir um die Sensibilität für diese Genauigkeit, weil Unklarheit und Unanschaulichkeit immer dazu verleiten, daß man etwas nicht zu Ende denkt. So soll dieses Buch eine kleine Schule des Zuendedenkens sein: Sich nicht zufrieden geben, bis man etwas genau erfaßt hat. Wenn man hier Genauigkeit des Hinsehens gelernt hat, hilft es vielleicht auch andernorts dazu, sich von einem Christentum der Worthülsen zu befreien. Präzision und Sensibilität der Wahrnehmung könnten so dabei helfen, auch in der Produktion von Gedanken diese zu Ende zu denken und in der Produktion von Taten diese ganz zu vollziehen, eben radikal.

Wenn zwischen Aussaat und Mahl, zwischen Brotsegen am Anfang und dem letzten Becher des Mahles sich Wichtiges ereignet, dann ist der Blick darauf ein neuer Versuch, der Wirklichkeit des Christentums sich anzunähern. Nicht von Ideen und theologischen Konzeptionen der Verfasser her, sondern aus der Perspektive des Menschen, der ganz und gar davon

abhängig ist, daß ihm Gott heute das unersetzliche Brot für morgen schenkt.
Vielleicht ist es nicht nur so, daß die Hand, die die Wiege bewegt, auch die Welt bewegt, sondern daß die Gedanken, die zwischen Herz und Magen entstehen, am ehesten das Herz bewegen.
So liegt mir daran, für das Verständnis der neutestamentlichen Texte ein Stück Archäologie des antiken Alltagslebens zu erheben und auch umgekehrt zu fragen, wieweit Menschen aus diesem Alltagsleben durch die Aussagen des frühen Christentums erreicht werden konnten. Dabei zeigt sich, daß diese biblischen Aussagen ein sehr großes Maß von »Bodenhaftung« und »Erdgeruch« besitzen. Für heute heißt das: Wenn Verkündigung und religiöse (z. B. gottesdienstliche) Praxis nicht in der Lage sind, nun auch auf unser Alltagsleben und dessen elementare Vollzüge genau beobachtend einzugehen, werden sie unglaubwürdig.
Eine Rolle spielen außer den Texten des Neuen Testaments auch besonders die der frühchristlichen Apokryphen (Texte unter dem Namen frühchristlicher Personen, die nicht mehr in das Neue Testament aufgenommen wurden), da diese uns für das Alltagsleben der Christen in der Zeit nach dem 1. Jh. vielfältigen Aufschluß geben. Gleiches gilt, wie bekannt, auch für die zwischen dem Alten und dem Neuen Testament entstandenen Schriften des Judentums, doch auch für Mischna und Talmud. Quellen im weiteren Sinne sind dann auch antike Inschriften und Papyri, antike Kochbücher sowie ausgegrabene Küchen und Kornspeicher. Aus Pompeji schließlich ist sogar antikes Brot selbst erhalten.
Angeregt wurde ich zu dem hier vorgelegten Buch durch den Auftrag des »Württembergischen Vereins zur Förderung der humanistischen Bildung«, im Januar 1992 einen Vortrag zu halten, auf dessen umfänglichen Vorarbeiten es ruht.
Für den, der sich weiter informieren will, führen die Fußnoten am Ende des Buches weiter. Ein Literaturverzeichnis am Ende, für das Jürgen Zangenberg erste Anregungen gab, erschließt die

umfängliche, zum großen Teil nur versteckt publizierte und schwer zugängliche wissenschaftliche Diskussion seit Beginn des 19. Jahrhunderts.

Das Buch ist dem Gespräch mit Matthias Klinghardt gewidmet, der in Kürze eine Abhandlung über die Mahlfeiern der Urchristenheit vorlegen wird.

I Über den Wert des Brotes im Zeitalter Jesu

Kein Ersatz für Brot

Während man heute Brot durch verschiedenste Dinge ersetzen kann, z. B. durch Kartoffeln, bestand diese Möglichkeit für die Antike nicht. Brot ist im wahrsten Sinne des Wortes unersetzlich. Daher ist es neben Wasser das einzige Grundnahrungsmittel der antiken Welt.
Eine erste Konsequenz dieser Lage war: Wenn nicht ausreichend Brot vorhanden war (etwa wegen Mißernten), stiegen die Brotpreise sehr schnell sehr hoch an. Denn man konnte nicht auf anderes ausweichen, das man sich ersatzweise beschaffte. Eine solche Teuerung ist in Offenbarung des Johannes 6,5–6 belegt: Im dritten Siegel ist einer der apokalyptischen Reiter die »Teuerung«, und diese betrifft Weizen und Gerste (noch nicht aber Öl und Wein). Eine Verteuerung des Brotes galt nicht nur hier als (Beuge-)Strafe Gottes. *Und als es öffnete das dritte Siegel, hörte ich das dritte Lebewesen, das sagte: Komm! Und ich sah auf, und siehe, ein schwarzes Pferd, und der auf ihm saß hatte einen Waagebalken in seiner Hand. Und ich hörte etwas wie eine Stimme inmitten der vier Lebewesen, die sagte: Ein Maß Weizen um einen Denar, und drei Maß Gerste um einen Denar, und das Öl und den Wein schädige nicht* (Apk 6,5–6).
Weil es für das Grundnahrungsmittel keinen Ersatz gibt, ist auch ohne weiteres verständlich, wenn Jesus sich selbst als Brot bezeichnet. Denn beim Abendmahl nimmt er das Brot in die Hand und sagt dazu *Das ist mein Leib* (Mk 14,22) was genau übersetzt heißt: »Das bin ich.« Und wenn man fragt, in welcher Hinsicht das gilt, so ist die Antwort: Ich bin wie Brot, unersetzlich, notwendig, Grundlage des Lebens. Die Aussagen beim

Abendmahl rücken damit in die Nähe der johanneischen Worte wie *Ich bin das Leben* (Joh 11,25; 14,6).
Hunger hat in der Antike eine kaum zu überschätzende psychische, soziale und politische Wirkung gehabt. Daher wundert es einen nicht, wenn die Erwartung des kommenden Heils damit verbunden ist, daß man genug zu essen haben wird: *Und dann wird Gott den Menschen große Freude geben, denn die Erde und die Bäume und die endlosen Herden der Schafe werden den Menschen die wahre Frucht geben mit Wein und süßem Honig und weißer Milch und Korn, was den Menschen das Allerschönste ist*[1] oder: *Denn die allesgebärende Erde wird den Sterblichen geben die beste, unermeßliche Frucht von Korn, Wein und Öl*[2].

Die große Masse der Menschen lebt vegetarisch

Rund 95% der antiken Weltbevölkerung hat fast ausschließlich vegetarisch gelebt, und das heißt: von Brot (oder Körnerbrei), Wasser und Gemüse. Fleisch und (in küstenfernen Gegenden oft auch) Fische waren für die Oberschicht reserviert und für den »Mann von der Straße« unbezahlbar[3]. Aber auch Milchprodukte waren teuer und selten. – Doch selbst für das helle Weizenbrot, das edelste und teuerste Brot, gilt: »Weißes Brot war in der Tat so selten, daß selbst in Rom ein Angehöriger der Unterschicht (Plebeier) auch dann nicht auch nur ein einziges Stück erlangte, wenn er, vielleicht einmal in seinem Leben, bei seinem Patron zum Essen eingeladen war[4].«
Der Kern jeder Mahlzeit bestand aus Brot, wozu noch »Beikost« kam, häufig in Form von Gemüse. Meist gab es drei Mahlzeiten am Tag, das Frühstück gleich nach dem Aufstehen (genannt gr.: *akratisma*, weil Brot mit ungemischtem Wein genossen wurde), das Mittagsmahl (gr.: *ariston*) und die Hauptmahlzeit gegen Abend (gr.: *deipnon*[5]). – Joh 21,12 darf demnach nicht als Aufforderung zum Frühstücken verstanden werden, sondern Jesus sagt: *Kommt und nehmt das Mahl ein;* zwischen der in Joh 21,4 erwähnten Frühe und Joh 21,12 liegt zeitlich der Fischfang.

»Brot« steht für Nahrung überhaupt

Die Alleinherrschaft des Brotes bei jeder Mahlzeit führte dazu, daß »Brot« das Wort für Speise überhaupt wurde[6], und Brot essen dasselbe wie Mahl halten. Daher mahnt der Verfasser des Zweiten Thessalonicherbriefes (2 Thess 3,12): *...zur Arbeit zu gehen und sich ihr Brot selbst zu verdienen,* und in demselben Brief heißt es: *...wir haben nicht umsonst jemandes Brot gegessen; sondern mit Mühe und Anstrengung haben wir Tag und Nacht gearbeitet, um nur ja niemandem von euch zur Last zu fallen.* Wenn es in Mk 3,20 heißt, daß die Volksmenge zusammenströmte, *so daß sie noch nicht einmal Brot essen konnten,* so liegt die Bedeutung vor »Nahrung zu sich nehmen, eine Mahlzeit halten«[7]. Dazu läßt das Gedränge weder Platz noch Bewegungsfreiheit noch Zeit. Vielleicht ein Stück Erfahrung aus dem Leben Jesu.

Ähnlich steht Brot für die gesamte irdische Nahrung, wenn die Seele des Menschen in ihrer unerlösten irdischen Existenz nach gnostischen Texten mit einer Dirne verglichen wird, die von ihren Kunden Brot, Wein, Öl und Kleider empfängt und *anderen äußerlichen Unsinn, der den Körper umgibt, die Dinge, von denen sie denkt, daß sie sie braucht*[8].

So kann es auch dazu kommen, daß das Brot dafür herhalten muß, wenn man die Erdenbindung des Menschen und damit die Notwendigkeit, daß er Nahrung zu sich nehmen muß, überhaupt ablehnt. So ist von den dualistisch orientierten, d.h. den Schöpfer und die Schöpfung ablehnenden Manichäern berichtet, daß sie ein Brot in die Hand nehmen und dazu sagen: *Ich habe dich nicht gemacht*[9]. Der geschilderte Vorgang ist eine Art Gegenbild zum Abendmahl: Hier wie dort wird das Brot in die Hand genommen und gedeutet. – Gegen solche Positionen wendet sich schon mehr oder weniger ausdrücklich 1 Tim 4,4f, wo es auch bezüglich der Dinge, die man ißt (vgl. V.3) heißt, daß Gott die Dinge *zum Nehmen mit Danksagen* geschaffen hat, denn *jede Schöpfung Gottes ist gut, und nichts ist verwerflich, das man mit Danksagen nimmt.* Durch das »Tischgebet« (hier:

Danksagung) werden alle Dinge zu Gott (wieder) in Beziehung gesetzt. Durch das Tischgebet werden sie sozusagen als Eigentum Gottes anerkannt und deklariert und dadurch geheiligt.

Brot ist eine Gabe Gottes nach der Vertreibung aus dem Paradies

In den beiden folgenden Abschnitten spielen Texte aus den sog. apokryphen Evangelien eine besondere Rolle. Diese Texte zeigen auf eindrucksvolle Weise, wie sich neutestamentliche Anschauungen mit älteren jüdischen Auffassungen verbinden. Auch wenn diese Texte nicht in den Kanon des Neuen Testaments aufgenommen worden sind, stellen sie doch für das Leben und die Anschauungen der frühen Christen wichtige Quellen dar. Das gilt auch und besonders für die Ansichten über das Brot. Denn da es das Wichtigste im Alltag ist, verband man damit das, was in der christlichen Religion als wichtig galt.
Nach den für die Zeit des Neuen Testaments in den Apokryphen belegten jüdischen und christlichen Ansichten ist das Brot eine Gabe Gottes, die dieser den Menschen erst nach der Vertreibung aus dem Paradies gewährte. Zuvor hatten sich Adam und Eva von den Früchten ernährt, jetzt aber, nach der Vertreibung, kostete ihre Nahrung Mühe. Im Paradies nährten sich Adam und Eva *wie die Engel* (s. u.), unmittelbar danach wie die Tiere, nämlich von den fertigen Früchten. Daß Korn und damit Brot eine nachparadiesische Gabe ist, konnte man erschließen aus der Stelle in Gen 3,17, wo Gott zu Adam sagt: *...darum soll der Ackerboden verflucht sein um deinetwillen; mühsam sollst du dich von ihm nähren alle Tage deines Lebens.*
So unterscheidet man folgende Zeiten: Im Paradies gab es als Nahrung Speise der Engel (Manna); direkt danach die Speise der Tiere, d.h. Früchte; dann zeigt Gott den Menschen Ähren und Brot.
Belegt wird das durch folgende Texte: in der jüdischen apokryphen Schrift »Leben Adams und Evas«[10] heißt es von Adam und

Eva nach der Vertreibung aus dem Paradies: *Und sie (Adam und Eva) gingen umher und suchten neun Tage lang und fanden nichts, wie sie es im Paradies gehabt hatten, und sie fanden nur das, was die Tiere aßen. Und es sagte Adam zu Eva: Dies hat der Herr den zahmen und wilden Tieren zugeteilt, wir aber hatten Speise der Engel.*

Weitere Ausführungen dazu gibt es im sogenannten »christlichen Adambuch des Morgenlandes«[11]. Mehrfach heißt es dort zunächst, daß der Leib der ersten Menschen nach der Vertreibung aus dem Paradies wie der Leib von Tieren wurde. Gott ernährt die Menschen mit Feigen, die er aber, wie es heißt, schon *wie wohlschmeckendes Brot machte* (S. 57). Dann aber heißt es: *Und wiederum standen Adam und Eva draußen vor der Höhle, um Gott zu bitten, daß er ihnen Speise zeigen möchte, um ihren Leib damit zu kräftigen. Und das Wort des Herrn kam und sagte zu Adam: Geh hinab in die Gegend westlich von der Höhle, bis zu einem schlammigen schwarzen Boden; dort werdet ihr Speise finden. – Und Adam hörte das Wort des Herrn, nahm die Eva und ging hinab zu dem schwarzen Boden und fand dort Weizen, der in den Ähren stand, und die Ähren waren reif zum Essen. Und Adam freute sich darüber. Und wiederum kam das Wort Gottes und sagte zu ihm: Nimm von diesem Weizen und mache dir davon Brot, um damit deinen Körper zu kräftigen. Und Gott gab dem Adam Weisheit in sein Herz, daß er die Geschäfte mit dem Weizen besorgen konnte, bis er zu Brot wurde. Und Adam vollbrachte das alles und arbeitete und ward sehr müde. Und er kehrte um nach der Höhle, voll Freude darüber, daß er gelehrt worden war, wie man den Weizen bearbeitet* (S. 58f).

Der zitierte Text zeigt anschaulich, wie bei Weizen und Brot beides zusammenkommt: die Gabe Gottes und die Mühe des Menschen damit.

Das Brot wird zum Symbol überhaupt

Wenn Brot so wichtig und unersetzlich war, dann wird es auch verständlich, daß Brot immer wieder zum Zeichen für das Wichtigste geworden ist.

Das wahre Manna

Joh 6,30–35: *Sie sagten nun zu ihm: Was nun tust du für ein Zeichen, damit wir sehen und dir glauben? Was wirkst du? Unsere Väter aßen das Manna in der Wüste, wie geschrieben ist: Brot aus dem Himmel gab er ihnen zu essen. Jesus sagte nun zu ihnen: Amen, Amen, ich sage euch: Nicht Mose hat euch das Brot aus dem Himmel gegeben, sondern mein Vater gibt euch das wahre Brot aus dem Himmel. Denn das Brot Gottes ist der, der herabsteigt aus dem Himmel und der der Welt Leben gibt. Sie sagten nun zu ihm: Herr, allzeit gib uns dieses Brot! Jesus sagte zu ihnen: Ich bin das Brot des Lebens. Wer zu mir kommt, wird niemals hungern, und wer an mich glaubt, wird niemals dürsten.*
Jesus bezieht sich in diesem Wort auf Ex 16,4 (Gott sagt zu Mose: *Seht, ich will euch Brot vom Himmel regnen lassen*), behauptet aber, diese Stelle beziehe sich in Wahrheit gar nicht auf Mose und das Manna, sondern nur auf ihn selbst. Gegen den Wortlaut der alttestamentlichen Erzählung (vgl. auch: Psalm 78,24 nach der griechischen Übersetzung [LXX]: *Er ließ regnen für sie Manna zum Essen, und Brot des Himmels gab er ihnen*) gibt Gott das in Ex 16,4 angekündigte Manna erst jetzt. Jesu Argument: Ein Brot, das *vom Himmel kommt*, müßte für immer satt machen und ewiges Leben geben. Allein das wäre wirkliches Himmelsbrot.
Jesus ist nach dem Johannesevangelium als der »Menschensohn« vom Himmel gekommen, das heißt: von Gott gesandt (so nach Joh 6,38: *denn ich bin herabgestiegen vom Himmel, nicht damit ich meinen Willen tue, sondern den Willen dessen, der mich sendet*).
Manna ist »süßer Ausfluß der Manna-Tamariske, der durch den

Stich eines Insektes hervorgerufen wird und in kleinen Kügelchen abfällt«[12]. »Manna« ist ein griechisches Wort und bedeutet »Körnchen«; das griechische Wort eignet sich wegen der äußeren Erscheinungsform als Kügelchen zur Wiedergabe des hebräischen Wortes *mann*. Der Geschmack war der eines feinen, gesüßten Gebäcks. Noch bis vor kurzem war Manna auch bei uns in Apotheken erhältlich, da es bei Einnahme bitterer Arzneien als Versüßung gebraucht wurde. – Die biblischen Erzählungen deuten dieses Nahrungsmittel rätselhaften Ursprungs als Gottesgabe vom Himmel.

Wenn nun Jesus selbst sich *Brot des Lebens* nennt, dann heißt das: Er selbst, sein Wort, seine Taten und sein Leben zugunsten von uns allen sind notwendig und wirksam wie das elementare Grundnahrungsmittel Brot selbst. Was er bedeutet, kann man mit dem Bild des Brotes sagen. Jesus deutet sich als Brot. Brot ist Metapher für Jesus.

Umgekehrt ist der Vorgang beim Abendmahl: Jesus nimmt Brot in die Hand und sagt: *Das ist mein Leib*, und das heißt genau übersetzt: »Das bin ich.« Hier wird nicht (wie in Joh 6) Jesus gedeutet, sondern das Brot, das an die Jünger gegeben wird, ist zu deuten. In Joh 6 ist daher nicht notwendig an ein vollzogenes Abendmahl zu denken, da Jesus sich nur mit einem Brot vergleicht. Beim Abendmahl dagegen wird ein Teil des Mahles auf Jesus gedeutet.

In der Sache geht es jedoch beim Abendmahlsbrot und in Joh 6 um dasselbe, und Joh 6 kann sogar erklären, weshalb sich Jesus mit dem Brot identifizieren kann: Jesus ist die Leben bringende Gabe Gottes. Er ist wichtig und wirksam wie Brot.

Jesus als Brot nach apokryphen Evangelien und Apostelakten

Brot wird zum Zeichen der Bedeutung von Jesus Christus. Ähnlich wie beim Abendmahl wird das Brot Symbol für Jesus Christus auch in Texten, wonach es nicht um das Essen des Brotes geht:

Nach dem gnostischen Evangelium des Philippus (um 180 n. Chr.) gilt:
Bevor Christus gekommen war, gab es kein Brot in der Welt, geradeso wie das Paradies, der Ort, wo Adam war, viele Bäume zur Nahrung für die Tiere, aber kein Korn zur Nahrung für den Menschen aufwies. Der Mensch ernährte sich wie die Tiere. Aber als Christus, der vollkommene Mensch, kam, da brachte er Brot vom Himmel, damit der Mensch sich nähre mit der Nahrung des Menschen[13].

Der hier zitierte Text knüpft in seinen Gedanken an die oben genannten Texte an:
Nach diesem Text kann erst durch das Kommen Jesu Christi der Mensch überhaupt menschenwürdig leben, weil er die dem Menschen gemäße Nahrung erhält, d. h. das, was zu ihm paßt. Zuvor unterschied er sich in dem, was er zu sich nahm, nicht von den Tieren. Der interessante Text setzt voraus:

a) eine Auffassung wie oben im Johannesevangelium: Jesus ist das Brot, *das herabgestiegen ist aus dem Himmel.*
Wie das Philippusevangelium den *vollkommenen Menschen* nennt, so spricht Joh 6 von Jesus als dem Menschensohn – beides ist traditionell den Tieren entgegengesetzt.
b) die Ansicht, daß das Korn für den Menschen erst nach dem Paradies gegeben worden ist, wie in den oben genannten Texten. Diese Tradition wird hier als bekannt vorausgesetzt, aber jetzt mit dem Kommen Jesu Christi verglichen. Der Text meint: Daß Adam und Eva erst tierische Nahrung aufnehmen mußten und dann im Unterschied zu den Tieren Getreide und Brot von Gott erhielten, dieser Vorgang ist ein Bild für das, was mit Jesus Christus geschehen ist: Erst jetzt bekommt der Mensch das ihm Gemäße, das ihn über alle Kreatur erhebt.
Dabei gilt: Die Speise der Engel als paradiesische Nahrung der Menschen kennt das Philippusevangelium nicht. An dessen Stelle steht aber die neue Nahrung, die Jesus Christus selbst ist. Damit wird die Neuheit betont, es geht nicht um Wiederherstellung von etwas Altem. Im übrigen identifiziert dann aber die

spätere Liturgie Jesus Christus auch wieder mit dem Engelsbrot[14].
In einer Vision wird Christus als Brot geschaut im Bartholomäusevangelium, einem christlichen Evangelium des 4. Jahrh. n. Chr.. Maria berichtet in II 15–20 von sich: *Als ich im Tempel Gottes weilte und aus der Hand eines Engels meine Speise empfing, erschien mir eines Tages einer in Gestalt eines Engels; sein Gesicht aber war unbeschreibbar, und in seiner Hand hatte er weder Brot noch Becher, wie das bei dem Engel war, der bisher zu mir kam... Dann sagte er zu mir: Sei gegrüßt, du Begnadete, du auserwähltes Gefäß. Und dann klopfte er auf die rechte Seite seines Gewandes, und es kam ein gewaltig großes Brot hervor; das legte er auf den Altar des Tempels, aß zuerst selbst davon und gab dann auch mir. Und wieder klopfte er, diesmal auf die linke Seite seines Gewandes, und ich schaute und sah einen mit Wein gefüllten Becher. Er setzte ihn auf den Altar des Tempels, trank zuerst selbst davon und gab auch mir zu trinken. Und ich schaute und sah, wie am Brot nichts fehlte und der Becher voll war wie vorher. Dann sagte er: Noch drei Jahre, dann werde ich meinen Logos senden, und du wirst meinen Sohn empfangen, und durch ihn wird die ganze Welt gerettet werden*[15].
Hier wird die Auffassung vorausgesetzt, daß Maria als junges Mädchen im Tempel aufwächst und dort von Engeln regelmäßig mit Manna ernährt wird. Jesus Christus wird nun im Zusammenhang mit dieser Nahrung symbolisch angekündigt: Maria bekommt am Tage der Vor-Ankündigung keine gewöhnliche Engelsnahrung, sondern erfährt eine besondere visionäre Speisung mit Brot und Wein[16]. Diese »Kommunion« ist eine Art Vorzeichen für Jesus Christus. Daß auch der Engel davon ißt, weist darauf, daß es sich nach wie vor um eine Art Engelsbrot handelt.
Brot wird zum Symbol der himmlischen Begnadung des neuen Menschen. So heißt es in den gnostischen »Akten des Petrus und der Zwölf Apostel« VI 5: *Wer sich Brot auf den Weg mitnimmt, den werden die schwarzen Hunde töten wegen der Brote*[17]. Das heißt: Wenn Christen angegriffen werden, was bis zum Marty-

rium führt (die Hunde werden töten), dann geschieht das, um dem Menschen das Kostbare zu entreißen, was er als himmlische Gabe bei sich führt, seine befreite und erlöste Seele, seinen Funken himmlischen Lichts oder Ähnliches. Der Kontext nennt ähnliche Güter zum Vergleich (kostbares Gewand, Wasser, Fleisch, Gemüse – bei Fleisch töten einen die Löwen, bei Gemüse die Stiere). Am Schluß heißt es: *O, ihr großen Mühen auf dem Weg! O daß doch uns Jesus die Kraft gäbe, daß wir auf ihm wandeln könnten.*

So ist das Brot für den Menschen Gabe, an der sich sein Leben entscheidet, auf der es beruht und von der er ganz und gar abhängig ist. Menschen, die so denken, sind offenbar nicht in der Lage, große politische Wunschträume zu entwickeln. Vielmehr geht es ihnen so schlecht, empfinden sie ihr Leben im Elementarsten als so bedroht, daß Brot die ersehnte Gabe Gottes überhaupt ist. Und aus diesem Grunde wird auch der Messias, die höchste Gabe Gottes an die Menschen, vorgestellt wie Brot. Nicht als Kriegsherr und König wird der Messias hier gedacht, nicht als Neuerbauer des Tempels in Jerusalem – sondern: Überleben ist alles.

II Von der Aussaat bis zur Ernte

Gleichnisse über Saat und Ernte von Getreide

Immer wieder werden im Neuen Testament Bilder aus dem Getreideanbau genommen. Das gilt schon für die Gleichnisse Jesu: für das Gleichnis vom Sämann (Mk 4,3–9), für das von der »selbstwachsenden Saat« (Mk 4,26–29) und für das vom Unkraut unter dem Weizen (Mt 13,24–30); hinzu kommen noch die später zu behandelnden Gleichnisse vom Sauerteig (Mt 13,33) und vom reichen Kornbauern (Lk 12,16–21).
Bei Paulus und im Johannesevangelium steht das Geschick des Weizenkorns für Sterben und Auferstehen (Jesu und der Christen) – eine überraschende Übereinstimmung. Auch das Bild des Mahlens bei Ignatius steht für das Martyrium (s. u.).
Aus den neutestamentlichen Apokryphen kommen weiter hinzu: Thomas-Evangelium (ab jetzt: ThEv) 97 (Gleichnis von der Frau mit dem Mehlkrug) und Philippusevangelium (ab jetzt: EvPhil) 52 (Gleichnis vom Esel an der Mühle).
Diese zahlreichen Bilder zeigen, daß den frühen Christen der gesamte Prozeß der Entstehung des Brotes äußerst vertraut ist. Denn gerade das Alltägliche kann in der christlichen Bildersprache zum Schlüssel für Einsichten über das neue Leben werden. Man entdeckt gewissermaßen die Tiefendimensionen des Alltäglichen.
Die Interpretation von Gleichnissen richtet sich nach deren jeweiliger Pointe. Für die Auslegung der Gleichnisse von Saat und Ernte des Getreides ist es zum Auffinden der Pointe wichtig, nach den jeweils spezifischen und dem Gleichnis »zugrunde liegenden« Erfahrungen mit Getreide und Brot zu fragen. Das wird die Leitfrage bei unseren Erwägungen sein:

Auf welchen besonderen Zug der Gewinnung von Korn und der Herstellung von Brot kommt es hier an?

Das Gleichnis vom Sämann (Mk 4,3–9.14–20)

Mk 4,3–9: *Hört! Siehe, der Sämann ging hinaus zu säen. Und es geschah beim Säen – das eine fiel entlang des Weges, und es kamen die Vögel und fraßen es auf. Und anderes fiel auf das Felsige, wo es nicht viel Erde hatte, und sofort ging es auf, da es keine Tiefe hatte an Erde. Und als die Sonne aufging, wurde es verbrannt, und weil es keine Wurzeln hatte, vertrocknete es. Und anderes fiel in die Dornen, und die Dornen stiegen auf und erstickten es, und es gab keine Frucht. Und anderes fiel in die gute Erde und gab Frucht, aufsteigend und wachsend, und brachte: eines dreißig und eines sechzig und eines hundert. Und er sagte: Wer Ohren hat zu hören, der höre.*

Das Gleichnis schildert das Tun des Sämanns, eine uns nicht mehr geläufige, nur scheinbar einfache Arbeit: »Das richtige Säen galt als eine Kunstfertigkeit. Die Hand des Sämanns sollte mit dem Schritte des rechten Fußes ein gleiches Zeitmaß beachten«[18].

Zunächst ist nicht klar, daß es sich um Getreidesamen handelt. Doch wenn V. 8 die dreißig-, sechzig- und hundertfältige Frucht nennt, ist am ehesten daran zu denken. In der Erzählung geht es um das verschiedene Geschick des Saatkorns, und dieses ist abhängig von der jeweiligen Qualität des Bodens. So geht eine verbreitete Deutung des Gleichnisses dahin, daß es sich um ein Gleichnis über das Hören und die Hörer der Botschaft selbst handelt. Aus diesem Grunde steht es im Gleichniskapitel vornean. Die verschiedene Qualität des Bodens ist dann jeweils ein Bild für die Harthörigkeit oder Bereitschaft der Hörer, das Wort aufzunehmen. Das Gleichnis macht deutlich: Von dieser Bereitschaft hängt alles ab. Ist sie nicht vorhanden, dann war alles nutzlos; ist sie dagegen da, so kann die Botschaft reiche Frucht bringen – was sie eigentlich soll. In der allegorischen Ausdeutung in Mk 4,14–20 geht es dann darum, die verschiedenen

Gefahren für das Ersticktwerden der Botschaft beim Namen zu nennen.
An wen richtet sich das Gleichnis? Will es Missionare über den Mißerfolg trösten, indem es ihn erklärt? Will es zeigen, daß mit dem Hören nur der Anfang gemacht ist, auf den das Entscheidende erst folgt, so daß die Neubekehrten sehr wachsam sein müssen? Vielleicht will es vor allem darauf weisen: Nach der Anfangszeit der Aussaat ist es jetzt vor allem Sache und in der Verantwortung der Hörer des Wortes, was aus dem Begonnenen wird. Alles hängt von ihnen ab. Jetzt zeigt es sich, was in ihnen steckt.
Wichtig ist dabei zu beachten, daß die Frage nicht gestellt wird und nicht zu stellen ist, woher die Qualität des Bodens kommt und wer an ihr »schuld ist«. Vielmehr steht die Qualität des Bodens für die Aufnahmebereitschaft, die man durchaus wollen kann oder auch nicht. Nach der Deutung in V. 14–20 wird diese am meisten durch »Ablenkungen« und Bedrängnisse von außen behindert.
Welche besondere Erfahrung liegt zugrunde? Offenbar die, daß es einen sehr großen Unterschied im weiteren »Ergehen« und »Geschick« gibt zwischen den Körnern, die doch alle auf gleiche Weise und vor allem, indem sie einander bis aufs Haar gleichen, ausgesät werden. Denn die einen gehen jämmerlich ein, die anderen dagegen bringen Frucht bis zum Hundertfachen. – Diese besondere Erfahrung im Umgang mit Korn wird hier zum Appell, die Botschaft bereitwillig zu hören. In diesem Sinn gilt der Schluß: Wer Ohren hat zu hören, der höre!
Ein weiteres Gleichnis vom Sämann kennt die griechisch erhaltene Apokalypse des Esra: *Wie ein Bauer die Getreidesaat auf die Erde streut, so legt auch der Mann seinen Samen an die Stelle der Frau. Im ersten Monat ist es noch ganz zusammen, im zweiten schwillt es auf, im dritten behaart es sich, im vierten wachsen Nägel, im fünften nährt es sich von Milch, im sechsten wird es fertig und empfängt die Seele, im siebten wird es gänzlich zubereitet, im neunten öffnen sich die Riegel des Muttermundes und es kommt gesund zur Welt*[19]. – Die Analogien zum Getreide

betreffen wohl nur die Aussaat und das Wachsen in den ersten beiden Monaten. Das Gleichnis von der Aussaat hat hier offenkundig die Funktion, den Tabubereich der Zeugung zu überdecken. Wollen Gleichnisse nicht auch sonst offenbaren und zugleich verhüllen?

Die von selbst Frucht bringende Erde (Mk 4,26–29)

Mk 4,26–29: *Und er sagte: So ist das Königtum Gottes, wie wenn ein Mensch Samen warf auf die Erde und schläft und steht auf Nacht und Tag, und der Same keimt und wird lang, wie er selbst nicht weiß. Selbstwirksam bringt die Erde Frucht, erst Halm, dann Ähre, dann voller Weizen in der Ähre. Wenn es aber die Frucht zuläßt, schickt er sofort die Sichel, weil die Ernte ansteht.*

In V. 28 wird das Wachstum des Getreidehalms in allen Einzelheiten geschildert: Halm, Ähre, volle Frucht auf der Ähre. Und das alles geschieht in Abwesenheit des Bauern. Der hat nur zwei Zeiten, in denen er aktiv wird (so jedenfalls sagt es das Gleichnis): Saat und Ernte. Mit einer Zeit des Jätens oder Bewässerns zwischendurch rechnet das Gleichnis nicht, und schon von daher wird erkennbar, daß der Zug der Abwesenheit des Herrn in der Zwischenzeit im Sinne der Pointe des Gleichnisses verstärkt wird.

Geht man davon aus, daß es sich am Ende des Gleichnisses bei der Ernte um ein traditionelles Bild für das Gericht handelt, dann liegt es nahe, in der Gestalt des Bauern zu Anfang und zu Ende Gott (oder den Menschensohn als seinen Repräsentanten) abgebildet zu sehen. Er ist es dann, der sich in der Zwischenzeit nicht kümmert. Es ist die Zeit, in der er nicht eingreift. Ähnlich wie im Gleichnis vom Sämann in Mk 4,3–9 wird in 4,28 die besondere Bedeutung des »Landes« betont: *Von sich aus bringt die Erde Frucht.* Doch anders als in Mk 4,3–9 geht es jetzt nicht um den Aspekt der Aufnahmebereitschaft und um das Risiko des Fehlschlagens des Ganzen, sondern um den langen, allmählichen Prozeß, der zur Frucht führt. Und im Unterschied zum ersten Gleichnis steht nicht der Einzelmensch im Vordergrund, sondern der Acker im ganzen. Denn die Äußerung V. 29 *Wenn es die Frucht zuläßt...* ist kaum auf die »Werke« eines einzelnen oder einzelner Menschen zu beziehen, sondern nur auf den Zustand der zu richtenden Menschheit im ganzen. Geht es daher um so etwas wie das, von dem Act 3,19 *(Kehrt um..., damit die Zeiten des Aufatmens kommen)* spricht, daß nämlich dann, wenn Umkehr und ihre Frucht einen gewissen Reifegrad erlangt haben, die Stunde des Gerichts kommen kann und vorher nicht? Das Ziel dieses Gleichnisses könnte daher sein: Jetzt ist die Zeit, in der es an euch liegt, an denen, die den Samen (= Wort Gottes) aufgenommen haben (= Erde), Halm und Ähre hervorzubringen, die Frucht (= Umkehr und deren Früchte) zu tragen. Von eurem Zustand hängt es auch sogar indirekt ab, wann das Gericht kommt.

Es gibt indes auch andere Deutungen dieses Gleichnisses, die kurz zu nennen sind: Es könnte auch darum gehen, daß der Mensch keine Angst haben soll, weil die Saat im Boden von sich aus Frucht bringt, so daß dem Menschen alles zuwächst, was nötig ist. Es kann auch sein, daß nur erklärt werden soll, warum Gott jetzt nicht eingreift: Ihm sind die Hände »gebunden«, weil das Wachsen eben seine Zeit braucht. Jedes Ding braucht seine Zeit, auch Gottes Kommen zum Gericht.

Entscheidend ist wohl sicher die auffällige Schilderung des Wachstums in V. 28. Sie wird am sinnvollsten erklärbar, wenn es sich um einen Prozeß handelt, der für den angesprochenen Hörer des Gleichnisses Überzeugungskraft besitzt. Geht es um inneres und äußeres Wachstum der Christenheit zugleich?

Die zugrundeliegende Erfahrung mit Kornsaat ist: In der Zeit zwischen Saat und Ernte gibt es zwei sehr unterschiedliche, einander geradezu entgegengesetzte Typen von Prozessen oder Vorgängen: Der eine Vorgang hat das Korn zum Objekt, er ist »Bearbeitung« im weitesten Sinne des Wortes, nämlich Säen und Ernten. Hier tut jedenfalls ein Mensch etwas mit dem Samen oder Korn, und es geschieht jeweils kurzzeitig, so wie eben Säen und Ernten kurze Vorgänge sind. Der andere Vorgang dagegen ist nicht von einem Menschen verursacht und in gar keiner Weise von ihm machbar, und er vollzieht sich in einzelnen Phasen über eine lange Zeit hin – eben das Wachstum, das aus der Erde heraus geschieht. Und dieses ist nicht Bearbeiten, sondern Hervorbringen. Über diese bekannten Tatsachen hinaus versucht unser Gleichnis nun auch die Zeiten strikt zu trennen, so als ob in der Zwischenzeit, in der des Hervorbringens, der Sämann nichts weiter zu tun habe. Auch wenn das übertrieben sein mag (man nennt das auch die »Extravaganz« von Gleichnissen), so gilt doch die geschilderte strikte Unterscheidbarkeit der Vorgänge und die Unersetzlichkeit des Hervorbringens der Erde.

Gott sät und erntet – die Erde bringt hervor. Diese beiden Aktivitäten sind zu unterscheiden. Wenn die Erde für die Hörer steht, dann geht es jetzt ganz um sie selbst. Aber die Frucht – das sind nicht einzelne Werke oder Taten, hier ist nichts isoliert gesehen. Sondern die Frucht ist das Resultat des Ganzen, und das braucht Zeit und hat Zeit. So spricht das Gleichnis den Hörern zwar ungeteilte Verantwortung im Handeln und für das Ergehen in Zukunft zu, aber es läßt auch Zeit und gibt keinen Raum für hektische Betriebsamkeit. – Gegenüber einer unklaren, widersprüchlichen und nur scheinbar frommen Tendenz heutiger Verkündigung, Gott irgendwie die Alleinwirksamkeit zuzuschieben (und sei es nur, indem man auf ihn »wartet«), bedeutet dieses Gleichnis eine klare Aussage über die Rolle des Menschen angesichts Gottes und seiner Zukunft. Solange es noch »Gegenwart« gibt, geht es immer um seine, d. h. des Menschen Zeit.

Vom Unkraut unter dem Weizen (Mt 13,24–30)

Mt 13,24–30: *Ein anderes Gleichnis legte er ihnen vor und sagte: Verglichen wird das Königtum der Himmel einem Menschen, der rechten Samen auf seinen Acker sät. Beim Schlafen der Menschen aber kam sein Feind, und er säte darauf Unkraut inmitten des Weizens, und er ging weg. Als aber der Halm keimte und Frucht trug, da erschien auch das Unkraut. Die*

Sklaven des Hausherrn aber traten hinzu und sprachen zu ihm: Herr, hast du nicht rechten Samen auf deinen Acker gesät? Woher also hat er Unkraut? Der aber sagte ihnen: Ein feindlicher Mensch hat das getan. Die Sklaven aber sagten ihm: Willst du nun, daß wir hingehen und es sammeln? Der aber sagt: Nein, ihr sollt nicht das Unkraut sammeln und zugleich den Weizen entwurzeln. Laßt beide miteinander bis zur Ernte wachsen. Und zur Zeit der Ernte werde ich den Erntearbeitern sagen: Sammelt zuerst das Unkraut und bindet es zu Bündeln, um es zu verbrennen; den Weizen aber sammelt in meine Scheune.
In diesem Gleichnis ist das Thema das Ausroden des Unkrauts. Die antiken Bauern wußten sehr genau: *Gründliches Ausroden des Unkrauts war für das Gedeihen von größter Wichtigkeit* (Plinius 18,157)[20].
Wieder handelt es sich um einen ungewöhnlichen (»extravaganten«) Zug: Kein Mensch läßt Unkraut (gemeint ist: Taumellolch) stehen, sondern wer vernünftig ist, beseitigt das Unkraut rechtzeitig. Daß es hier anders angeordnet wird, hat demnach einen besonderen Sinn. Das Unkraut steht für die unechten und ungerechten Christen. Sie jetzt auszusondern verbietet der Herr. So weit reicht die Vollmacht der Jünger nicht, das bleibt dem Gericht vorbehalten.
Der Taumellolch »ist im ganzen Orient verbreitet und gilt oft als Entartung oder verhexte Form des Weizens. Entgegen der Meinung des Hieronymus ist er nicht nur im Reifestadium, sondern auch im Wachstumsstadium durch seine schmalen Blätter vom Weizen unterscheidbar. Seine Giftigkeit kommt von einem Pilz, der häufig in ihm ist«[21].
Trifft das zu, dann ist das Problem der Gegenwart nicht die Unterscheidbarkeit von Gerechten und Ungerechten in der Kirche, sondern das Zerbrechen sozialer Zusammenhänge durch einen Ausschluß der einen soll vermieden werden. So ist Mt 13,29 zu verstehen: *...damit ihr nicht etwa beim Zusammenlesen des Taumellolchs zugleich mit ihm die Wurzeln des Weizens ausreißt.*
Die zugrundeliegende Erfahrung mit Getreide ist: Genießbares

und Ungenießbares bzw. Giftiges wächst nebeneinander auf. Wo die Pflanzen dicht stehen, sind die Bodenverhältnisse und die Verflechtungen dort unten nicht leicht durchschaubar und oft nur schwierig auseinanderzudividieren. Jedenfalls muß Unkrautjäten mit besonderer Vorsicht geschehen, wenn andere Pflanzen dicht dabei stehen. Im Gleichnis wird diese nötige Vorsicht zum Verbot des Jätens »radikalisiert«.

Das Bild vom Sterben und Neuwerden des Weizenkorns

Auffallend parallel sind:
1 Kor 15,36f: *Du Tor: das, was du säst, wird nicht lebendig gemacht, wenn es nicht stirbt. Und was du säst: du säst nicht den künftigen Leib, sondern ein nacktes Samenkorn, sei es von Weizen oder von einem der übrigen.* – und:
Joh 12,24: *Amen, Amen, ich sage euch: wenn nicht das Samenkorn des Weizens auf die Erde fällt und stirbt, bleibt es allein. Wenn es aber stirbt, bringt es viel Frucht.*
Die Gemeinsamkeiten beider Stellen: Es geht um das Schicksal (vor allem) des Weizenkorns in der Erde, dieses wird als Tod gedeutet, und dieser Vorgang wird in Beziehung gesetzt zum notwendigen Tod von Menschen. Nur deshalb, weil ein Vergleich mit dem Tod von Menschen beabsichtigt ist, wird das Ergehen des Samenkorns als Tod gedeutet. (Denn rein biologisch gesehen, stirbt es ja gerade nicht.) Der Vergleichspunkt ist das Eingehen in die Erde und das »Verrotten« dort, das Bedingung für das Neue ist, das daraus wird. Dieses Neue ist nach beiden Stellen die »Auferstehung« (bei Joh »Erhöhung« genannt, vgl. Joh 12,32: *Und ich werde, wenn ich erhöht werde von der Erde, alle zu mir ziehen*).
Unterschiede zwischen beiden Stellen: In 1 Kor 15 geht es um den Kontrast zwischen dem neuen (Auferstehungs-) Leib und dem jetzigen irdischen Zustand des Leibes, der demgegenüber nur als »Nacktsein« bezeichnet werden kann. Denn die neue Leiblichkeit wird über alle Maßen herrlich sein. – In Joh 12,24

dagegen steht im Blickpunkt das Verhältnis von Alleinsein und *viele Frucht*. Das heißt: Das eine Samenkorn jetzt kann viele Frucht bringen (vgl. Mk 4,8 oben). Seine Einzigkeit wird hier als Isoliertheit gesehen. Sie wird aufgehoben, wenn es nach dem Tod in der Erde dann eine Menge Fruchtkörner gibt.
Unterschiedlich ist auch die Rolle im Kontext: In 1 Kor 15 geht es um die Auferstehung aller Christen und besonders um die Qualität ihres erhofften neuen Leibes. – In Joh 12,24 dagegen wird nur der Tod und die Erhöhung Jesu so gedeutet. Die vielen Samenkörner, die daraus entstehen, sind alle Menschen aus allen Völkern, die der Erhöhte dann *zu sich ziehen wird*. Im Zusammenhang ging es um die Griechen, die Jesus jetzt schon sehen wollen – aber erst nach Jesu Tod wird sich eine »Heidenmission« ergeben. Der Tod und die Erhöhung Jesu werden diese Möglichkeit eröffnen, zugleich sind sie aber überhaupt auch nötig, damit dies geschehen kann.
Ähnliche Texte gibt es im Judentum:
Rabbi Eliezer sagte: Alle Toten werden bei der Wiederbelebung der Toten auferstehen und in ihren Kleidern heraufkommen. Woher lernst du das? Vom Samen der Erde durch einen Schluß vom Geringeren auf das Größere, vom Weizenkorn aus. Wenn das Weizenkorn, das nackt in die Erde kommt, in vielen Bekleidungen herauskommt, um wieviel mehr gilt dann von den Gerechten, daß sie in ihren Kleidern auferstehen werden[22].
Wie bei Paulus geht es um den Kontrast zwischen Nacktsein jetzt und der künftigen Leiblichkeit, die in der rabbinischen Stelle als *viele Bekleidungen* beschrieben wird.
Die Königin Kleopatra sagte zu R. Meir: Ich weiß, daß die Toten auferstehen werden, denn es heißt: Sie werden aus der Stadt hervorblühen wie die Pflanzen aus der Erde. Werden sie aber nackt auferstehen oder mit den Gewändern? Er erwiderte ihr: Dies ist durch einen Schluß vom Leichteren auf das Schwerere, von einem Weizenkorn, zu folgern: wenn ein Weizenkorn, das nackt begraben wird, in viele Gewänder gehüllt hervorkommt, um wieviel mehr die Frommen, die in ihren Gewändern begraben werden[23].

Die Logik ist hier etwas anders als in dem Text mit R. Eliezer: Nach R. Eliezer gilt das, was vom Weizenkorn gilt, erst recht von den Gerechten. – Nach der Aussage der Königin Kleopatra wird der, der in Gewändern begraben wird, noch eher bekleidet auferstehen als der, der nackt begraben wird. Der zweite Text ist von 1 Kor 15 weiter entfernt. Denn von Kleidern, in denen die Gerechten begraben werden, spricht Paulus gerade nicht.
In einem weiteren Text wird ähnliches von Bohnen gesagt[24].
Die Voraussetzung für diese Aussagen aus dem Umgang mit Getreide sind: Blätter und Blüten der Pflanzen werden als ihr Kleid angesehen. Das ist auch aus der Bergpredigt bekannt (Mt 6,29: Salomo in aller seiner Pracht ist nicht gekleidet wie eine der Lilien des Feldes; 6,30: Gott hat das Gras, das in den Ofen geworfen wird, so bekleidet). So werden die Pflanzen vom Menschen her beurteilt, und umgekehrt wird der Tod im Blick auf Auferstehung von den Pflanzen her verständlich gemacht.
Auf zwei nichtjüdische Analogien ist dabei noch hinzuweisen: Bei Epiktet heißt es: *Der Same muß begraben, verborgen werden und langsam wachsen, um vollendet zu werden*[25]. – Gemeint ist hier: Philosophische Weisheit muß im Verborgenen reifen. Mit dem Tod des Menschen hat das hier nichts zu tun.
Im Rahmen der sog. antiken Mysterienkulte hat man immer wieder nach Analogien zu den beiden Stellen bei Johannes und Paulus gesucht. Aber die Texte darüber finden sich nur bei Kirchenvätern und spiegeln damit schon deren (christliche) Interpretation, so etwa dieser: *Sie machen offenbar jedes Jahr bestimmte Einweihungen, erstens beweinen sie ihn (Adonis/ Tammuz) wie einen Toten. Zweitens aber freuen sie sich über ihn als über einen, der von den Toten auferstand. Adonis sei Schutzheiliger der Früchte der Erde. Sie werden beklagt, wenn sie gesät werden, und wenn sie auferstehen, veranlassen sie deshalb die Bauern zur Freude, wenn sie wachsen*[26].
Immerhin werden auch hier Aussaat und Aufsprossen der Pflanzen mit dem von nicht-pflanzlichen Wesen (hier: Gott Adonis) verglichen und in gewissem Sinne sogar gleichgesetzt. Paulus und Jesus nach Joh 12 reden aber in beiden Fällen gerade

an nicht-jüdische Adressaten, denen ein Auferstehungsglaube noch schwerer fallen mußte als Juden. Dazu verwenden sie die Bilder vom Samenkorn, die in ähnlicher Verwendung auch den »heidnischen« Mysterienkulten geläufig waren. Allerdings erwartet man dort keine Auferstehung nach dem Tod, sondern nur Intensivierung der Lebenskraft.

Im Blick auf nichtjüdische Griechen greift so das Neue Testament auf die wohl bekannte Anschauung zurück, daß das Weizenkorn in der Erde mit dem Todesgeschick des Menschen vergleichbar ist – besonders unter dem Aspekt, daß das Sterben bzw. Verrotten hier nicht alles ist, was man darüber sagen kann. Denn etwas Neues entsteht.

Die Erzählung vom Feuer im Weizen

Erstes Wunder, das dem Adam mit dem Satan begegnete wegen des Weizens. Als (einmal) Adam und Eva in das Land mit dem schwarzen Boden hinabgegangen und zu dem Weizen gekommen waren, den ihnen Gott gezeigt hatte, und sie ihn dürr und zum Schneiden fertig sahen, gürteten sich Adam und Eva. Und da sie kein Eisen hatten, um damit zu schneiden, fingen sie an, den Weizen auszureißen, bis sie zu Ende waren, und machten einen Haufen davon. Vor Hitze, Durst und Müdigkeit aber, die sie befallen hatten, gingen sie unter einen Baum, um unter ihm Schatten zu suchen, und ein Wind schüttelte ihn, und sie schliefen ein. Dann sah der Satan, was Adam und Eva gearbeitet hatten, und rief seine Heerscharen und sagte zu ihnen: Gott hat dem Adam und der Eva den Weizen gezeigt, damit ihr Körper dadurch erhalten werde. Und seht, sie sind eben gekommen und müde daran geworden und schlafen jetzt. Wohlauf, wir wollen den Wasserschlauch, den sie bei sich haben, nehmen und ausgießen, damit sie nichts mehr zu trinken haben, und wollen sie durch Hunger und Durst umbringen. Und wenn sie von ihrem Schlaf aufstehen und zur Höhle zurückkehren wollen, wollen wir auf dem Wege zu ihnen stoßen und sie irreführen, damit sie durch Hunger und Durst umkommen. Und wenn sie Gott verleugnen, so wird er sie vertilgen von der Erde weg, und wir werden vor ihnen Ruhe haben. – Und der Satan und seine Scharen warfen Feuer in den Weizen und verbrannten ihn. Und infolge der großen Hitze des Feuers erhoben sich Adam und Eva von ihrem Schlafe und sahen den Weizen brennen und den Wasserkrug, den sie bei sich hatten, ausgeleert. Da weinten sie und wandten sich nach der Höhle zurück. Und während sie von unten aus den Berg hinaufstiegen, kamen der Satan und seine Scharen in Gestalt von Engeln, die Lobgesänge sangen. Und der Satan sagte zu Adam und Eva: Adam, warum hast du denn so Hunger und Durst zu leiden? Es kommt mir vor, als hätte der Satan den Weizen angezündet. – Und Adam sagte zu ihm: Jawohl. – Und wiederum sagte der Satan zu Adam: Kehre um mit uns, wir sind Engel des Herrn. Gott hat uns zu dir geschickt, daß wir dir ein anderes Weizenfeld zeigen sollen, noch schöner als jenes, und eine schöne Wasserquelle und viele Bäume dabei, dort sollst du wohnen und auf dem Weizenfeld arbeiten, anstatt auf dem, das er angezündet hat. – Da dachte Adam, daß es wahr sei und daß es Engel seien, die mit ihm redeten, und sie kehrten um mit ihnen. Und der Satan fing an, ihn und Eva in die Irre zu führen, acht Tage lang, bis Adam und Eva zur Erde niederfielen wie tot vor Hunger, Durst und Müdigkeit. Da floh der Satan mit seinen Scharen und ließ sie zurück. Und Gott blickte auf Adam und Eva... und er befahl seinen Engeln, die trugen den Adam und die Eva und brachten sie an den Ort des Weizens, und sie fanden ihn an seiner früheren Stelle und den Wasserkrug fanden sie voll. Und sie blickten den Baum an und fanden Manna daran und verwunderten sich über die Kraft Gottes. Und die Engel befahlen ihnen, von dem Manna zu essen, wenn sie Hunger hätten. Und Gott verfluchte den Satan, daß er nicht wiederkommen und das Weizenfeld verderben durfte. Adam und Eva aber nahmen von dem Weizen und machten davon ein Opfer und nahmen es und trugen es hinauf auf den Berg, an den Ort, wo sie ihr Blut als Opfer dargebracht hatten, und brachten auch dieses Opfer auf dem Altar dar, den sie zuvor gebaut hatten[27].

In dieser Erzählung aus dem äthiopischen Adambuch (endgültige Sammlung im frühen Mittelalter) wird die auch bereits biblische Tendenz greifbar, in die Berichte über die ersten Menschen möglichst umfassend alle theologischen Probleme einzutragen. Hier sind es: das Hiob-Thema in seiner frühjüdischen Interpretation: Satan peinigt den Menschen, damit er von Gott abfällt und dann bestraft wird, ferner eine Ätiologie (Entstehungslegende) des Weizenopfers und am Ende damit des Abendmahles, und zwar mit Epiklese (Anrufung des Sohnes bzw. des Geistes über dem Brot)[28]. Schließlich wird die Manna-Tradition bereits mit den beiden ersten Menschen verbunden.
Die Erzählung dokumentiert die wohl nicht ganz seltene Erfahrung, daß reifes, trockenes Korn leicht und allzu schnell brennt. Zusätzlich wird der Durst geschildert. Wenn Menschen nicht mehr Wasser und Brot haben, dann ist das Versuchung des Teufels zum Abfall von Gott. Wie auch heute noch, so ist Hungersnot in diesen Gegenden immer durch Brotmangel verursacht. Wenn die ohnehin schon knappe Ernte dann auch noch durch Katastrophen zugrundegeht, so ist das wahrhaftig eine Anfechtung für den Glauben.

Das Ährenraufen am Sabbat (Mk 2,23–28)

Mk 2,23–28: *Und es geschah, daß er am Sabbat entlangging durch die Saaten, und seine Jünger begannen, einen Weg zu machen und rupften die Ähren. Und die Pharisäer sagten ihm: Sieh, was tun sie am Sabbat, was nicht erlaubt ist? Und er sagte ihnen: Habt ihr niemals gelesen, was David tat, als er Bedarf hatte und ihn hungerte, er und die mit ihm. Wie er hineinging in das Haus Gottes unter Abiathar, dem Hohenpriester und die Schaubrote aß, die nur die Priester essen dürfen, und auch denen gab, die mit ihm waren? Und er sagte ihnen: Der Sabbat entstand wegen des Menschen und nicht der Mensch wegen des Sabbats. Daher: Der Sohn des Menschen legt auch den Sabbat richtig aus (w: ist Herr auch des Sabbats).*

Der Text hätte es wohl verdient, etwas weniger einmütig abgehandelt zu werden, als es in der neutestamentlichen Fachdiskussion geschieht. Denn es wird regelmäßig die Auskunft gegeben, Jesu Jünger hätten aus Hunger die Ähren herausgerissen.
Gegen diese Deutung erheben sich folgende Einwände:
Beim Handeln Jesu und der Jünger ist von Hunger nicht die Rede. Hunger ist lediglich der Beweggrund für das Handeln Davids in dem herangezogenen Schriftbeispiel (Mk 2,25f), aber nicht auf der Ebene des Handelns Jesu und der Jünger.
Nach dem alttestamentlichen Gesetz wäre Mundraub erlaubt gewesen (Dtn 23,26), ebenso das von der Forschung hier angenommene Tun auch am Sabbat (vgl. b. Schabb 128a *Man darf mit der Hand abkneifen und essen, nicht aber mit einem Gerät, man darf etwas zerreiben und essen mit den Fingerspitzen*). Aber solches (Zerreiben und Essen) wird erst bei Lukas berichtet, vom Essen steht bei Markus nichts.
Die übliche Auslegung läßt sich von der Auslegung der Markusvorlage durch Matthäus leiten. Dort wird von Jesu Jüngern berichtet, daß sie Hunger gehabt hätten (Mt 12,1), und erst bei Matthäus geht es um die von den Auslegern des Gesetzes geforderte Barmherzigkeit (Mt 12,7).
Was dagegen in zeitgenössischer strenger Sabbatauslegung verboten ist, ist »einen Weg zu machen«, wie Mk 2,23 das ausdrücklich sagt. Und hier ist das sogar doppelsinnig zu verstehen: Der Weg wird nicht nur unternommen, sondern auch gebahnt. Das Verbot der Damaskusschrift (CD), einer besonders strengen Gruppe aus dem 2. Jh. v. Chr. entstammend, kommt besonders nahe an unsere Stelle heran: *Nicht darf man auf das Feld hinausgehen, um eine Arbeit nach seinem Gutdünken zu verrichten am Sabbat*[29]. Auch im Schriftbeispiel in Mk 2 heißt es von David, daß er in das Haus Gottes hineinging.
Rabbinische Parallelen berichten ferner auch davon, daß Davids Gefährten diesem einen Weg durch ein Saatfeld bereitet hätten[30]; davon steht nun freilich nichts im Davidbeispiel bei Markus, aber das Verhalten der Jünger gegenüber Jesus könnte von diesem Typos (Vorbild) beeinflußt sein.

Dann wäre das Unternehmen eines Weges gleichzeitig ein Bearbeiten des Weges. Man hat sich das wohl ähnlich vorzustellen wie in Mk 11,1–4 (Stichwort *Herr* wie Mk 2,28) und Mk 14,12f (vgl. Mk 1,2), wo die Jünger vor Jesus einhergehen, um ihm den Weg zu bereiten. So wird auch verständlich, warum hier die Jünger handeln und nicht Jesus[31].

Dann handelte es sich weniger um verbotene Erntearbeiten noch um Mundraub, gar nicht um Essen. Man braucht ja auch um zu essen die Halme nicht herausreißen. Es ginge dann um etwas aus heutiger Sicht viel Skandalöseres: Daß dort, wo Jesus entlangzugehen wünscht, die Jünger ihm den Weg bereiten[32]. So geht es nicht um Erntearbeiten, sondern um Arbeit beim Bereiten des Weges. – Immerhin fiele das dann noch immer unter die Auslegung des Sabbatgebotes in der oben zitierten Stelle der Damaskusschrift und auch bei Philo von Alexandrien (Leben des Mose II 22: über den Sabbat: *Denn nicht ein Reis, nicht einen Zweig, ja nicht einmal ein Blatt abzuschneiden oder irgendeine Frucht zu pflücken ist erlaubt*). – Skandalös ist daran: Wie beim Füllen, auf dem noch niemand geritten ist, wie beim Feigenbaum, der Jesus, egal in welcher Jahreszeit, Nahrung bieten sollte, so gibt es vor allem im Markusevangelium erstaunliche Gesten des Hoheitsanspruchs und der Huldigung gegenüber Jesus vor Ostern. So auch hier: Wenn er einen Weg macht, so hat alle Kreatur, inklusive Sabbat, ihm zu dienen.

Hier stockt uns der Atem, weil wir im ökologischen Zeitalter Mitleid mit den armen, sinnlos herausgerissenen Ähren haben. Hätte nicht Jesus einen Umweg gehen können? Wäre das Korn nicht zur Ernährung wichtig gewesen? Es gibt noch eine weitere skandalöse Geschichte dieser Art: Bei der Salbung Jesu in Bethanien Mk 14,3–9 wird kostbare Salbe für Jesus verschwendet, die den Jahreslohn eines Arbeiters ausmacht. Und so protestiert dann auch der Unverstand (Mk 14,5: den Armen zu geben). Aber diese hoheitlichen Züge sind ein wirkliches Geheimnis.

Der Hintergrund des Handelns der Jünger Jesu wäre dann hier gerade nicht durch eine Notlage veranlaßt (denn für Notlagen war die Auslegung des Sabbatgebotes flexibel). Vielmehr wird durch unsere Deutung auch der Schlußsatz verständlich: Der Menschensohn ist Herr auch über den Sabbat (Mk 2,28), d. h. er allein gibt eine gültige Auslegung[33].

Die Funktion des Schriftbeweises wäre dann: Was David erlaubt war, nämlich aus nicht-kultischen Bedürfnissen heraus das Kultgesetz zu vernachlässigen, das gilt auch und erst recht für Jesus, den Menschensohn.

Anders die Parallele bei Matthäus (Mt 12,1–8): Hier wird erzählt, daß die Jünger aus Hunger gegessen haben. So berichtet in diesem Sinne ein Palästinenser über »morgenländische Sitten«: »Als Knabe liebte ich, durch die Weizenfelder zu schreiten, wenn das Korn nicht mehr ›milchig‹ war, sondern reif und hart zu werden begann. Es ist dann ausgezeichnet zu essen, roh oder geröstet. Ich konnte einen ganzen Tag aushalten, indem ich Weizenkörner pflückte, sie in meiner Hand zerrieb und das fette, weiche, wohlriechende Korn aß. Seit Urzeiten war es den Wanderern im Morgenland gestattet«[34]. – Auch Lk 6,1 berichtet abweichend gegenüber Mk vom Essen der Jünger.

In Mt 12,5 wird das David-Beispiel um ein weiteres ergänzt: Die Priester am Tempel können den Sabbat verletzen, weil sie am Tempel Gebotenes tun. Und im Falle, daß jemand hungert, ist da *mehr als der Tempel* (12,7), nämlich, wie U. Luz zu Recht betont, die Verpflichtung: Barmherzigkeit und nicht Opfer. Das heißt hier: Leuten, die Hunger haben, ist, um den Hunger zu stillen, zu erlauben, die Sabbatruhe zu verletzen.

Konkrete Erfahrungen mit Getreide und Brot, die hier zugrundeliegen:

1. Es ist nicht ungewöhnlich, den Hunger an reifendem Getreide zu stillen.

2. Interessanterweise wird die Eigentumsfrage nicht gestellt, d. h. dieser Mundraub gilt als erlaubt; diskutiert wird nur die Sabbatfrage.

3. Zur Deutung in Richtung Essen und Hunger (*Seine Jünger aber hatten Hunger, und sie begannen die Ähren zu rupfen und zu essen* in Mt 12,1 und *Erbarmen will ich und nicht*

Opfer... in 12,7) gab sicher das Schriftbeispiel in Mk 2,26 Anlaß.

4. Den Lesern der Evangelien war offensichtlich noch klar, was »Schaubrote« waren. Die zwölf Schaubrote, *Brote im Angesicht Gottes*[35], wurden, ungesäuert und mit feinem Weizenmehl bereitet, mit Weihrauch bestreut und nach Ex 25,23 f. 30 mit dem Anbruch eines jeden Sabbats im Tempel auf einen mit Goldblech überzogenen Tisch gelegt, der im Heiligen, der Gesetzeslade gegenüber, stand, und zwar in zwei gleichen Reihen und mit Messern versehen, wie Speise für den Herrn. Nach sieben Tagen wurden sie abgenommen und gehörten den Priestern, die sie im Tempel verzehren mußten (Lev 24,9). Auch Hebr 9,2 nennt sie. – Dem Sinn von Mt 12,7 *Erbarmen will ich und nicht Opfer* kommt, nun gerade auf die Schaubrote (wie hier im Kontext) bezogen, auch eine Äußerung des Judentums des 1. Jh. n. Chr. nahe: *Begehrt etwa der Herr Brot oder Leuchter oder Rinder oder Stiere oder irgendwelche anderen Opfer? Das ist nichts, sondern er begehrt ein reines Herz, und mit allem dem prüft er das Herz der Menschen*[36].

5. Der Vorgang des (Entschalens und) Zerreibens des Korns mit den Händen, den Lk 6,1 beschreibt, wird in der Mischnah genau beschrieben, wenn auch die Evangelientexte von der Zehntfrage nicht berührt sind:

Wer Gerste entschalt, darf einzelne Körner nacheinander entschalen und (unverzehntet) genießen; entschalt er aber mehrere und nimmt sie in seine Hand (um zu essen), so ist er zehntpflichtig. – Wer Reibähren vom Weizen zerreibt, darf die Körner von einer Hand in die andere sieben und sie (unverzehntet) essen; siebt er sie aber und schüttet sie in seinen Schoß, so muß er sie verzehnten[37].

III Mahlen, Sieben und Bereitung des Brotes

Kornmahlen in der Zeit des Neuen Testaments

Erst seit dem 2. Jahrhundert vor Christus wissen wir um eine der größten und wichtigsten Entdeckungen der Menschheit: die Drehmühle. Sie löste den älteren »Sattelstein« ab. Dieses ältere Prinzip wird in Ri 9,53 bezeugt *(Da schleuderte eine Frau den oberen Teil einer steinernen Handmühle dem Abimelech aufs Haupt...).*
Das Prinzip der Drehmühle ist: Es gibt einen nicht-beweglichen unteren Stein. Der zweite Stein, der darauf gelegt wird, muß von Tieren (Eseln) oder mit der Hand (Handmühle) bewegt werden. Der obere Stein wird auf dem unteren durch einen Zapfen, der in die Mitte beider Steine eingelassen wird, gehalten. Ein Holzgestänge verbindet Zapfen und Seitengriff(e). Im Deutschen heißt der untere Stein »Liegender«, der bewegliche »Läufer«; so heißt er auch schon im Alten Testament Ri 9,53; 2 Sam 11,21, die Griechen nannten ihn *onos* (Esel)[38]. So heißt der Mühlstein in Mt 18,6 ganz wörtlich übersetzt *eseliger Mühlstein*. Das Loch in der Mitte, das sich um den Hals des Unglücklichen schließen soll, ist eigentlich die Öffnung für den Zapfen: *Wer aber etwa Anstoß gibt einem dieser Kleinen, die an mich glauben, ihm kommt zu, daß sich ein Eselsmühlstein schließt um seinen Nacken und er versenkt würde in der Weite des Meeres* (Mt 18,6).
Das Loch in der Mitte der beiden Mühlsteine wird »Auge« genannt, der Griff an der Seite »Hand«.
Der Mahlvorgang kann dann wie folgt beschrieben werden: »Die etwas konkave Fläche des oberen Steines nahte sich der konvexen Fläche des unteren Steines, der in der Mitte einen kleinen runden Zapfen trug, um welchen der ›Läufer‹ mittels

eines Griffes oder einer Kurbel (›Hand‹) gedreht wurde, wodurch das zwischen den Steinen liegende Getreide, das durch ein Loch (›Auge‹) des oberen Steines eingeschüttet wurde – das Einschütten kann durch einen oben angebrachten Trichter leichter bewerkstelligt werden – zerrieben und zermalmt wird[39].«
Kein geringerer als der antike römische Philosoph Seneca beschreibt als Zeitgenosse des Neuen Testaments den Vorgang des Mahlens und Backens wie folgt:
(Zähne…) Diesem Beispiel folgend hat jemand einen rauhen Stein auf einen anderen gesetzt wie bei den Zähnen, deren unbewegliche Gruppe die Bewegung der anderen Gruppe erwartet: dann werden durch das Reiben beider die Körner gebrochen und oftmals zerkleinert, bis sie, häufig zerrieben, völlig zermahlen sind. Darauf feuchtete er das Mehl mit Wasser an, knetete es gründlich durch und formte Brot, das zunächst heiße Asche und glühender Ziegelstein buk, später im Laufe der Zeit erfundene Öfen, deren Hitze seinem Willen zur Verfügung stand[40].
Nicht weit von Vergils Zeit entstand das sog. Moretum, ein ebenso kunstvolles wie mit Realität getränktes Gedicht über eine »Brotzeit«, die sich ein Bauer bereitet. Das Gedicht wurde im Mittelalter unter den Werken Vergils überliefert (im sog. Appendix Vergiliana), stammt aber wohl nicht von Vergil und berichtet über die ersten Akte des Brotherstellens[41]:
…Sein suchendes Auge findet endlich die Speichertür und öffnet sie mit dem Schlüssel, ein dürftiges Häuflein Getreide liegt dort am Boden. Davon füllt er den Scheffel voll, der zweimal acht Pfund faßt. Jetzt geht er fort und tritt an die Mühle. Sein treues Licht stellt er auf das kleine Regal, das dort an der Wand hängt. Nun macht er die Oberarme frei; er hat ein Ziegenfell umgegürtet. Mit dem Quast staubt er sorgfältig die Mahlsteine und den Mühlenkasten ab. Jetzt ruft er die beiden Hände herbei und teilt ihnen die Arbeit zu: die Linke ist nur Dienerin, die Rechte wird eifrig mahlen. Sie dreht sich in endlosem Kreis und bewegt den Stein – das Schrot läuft herab, zerquetscht vom rasenden Umlauf. Mitunter hilft die Linke der ermüdeten Schwester und löst sie ab. Dazu summt er ein ländliches Liedlein; er macht sich

die Arbeit leicht mit Gesang... Als er das Mahlen nun richtig vollendet, füllt er das Schrot mit der Hand in das Mehlsieb und schüttelt: oben bleibt Kleie zurück, nach unten staubt, durch feine Löcher geläutert, die Gabe der Ceres[42]. Inzwischen hat er seiner Negersklavin befohlen, Holz auf den Herd zu legen und Wasser zu wärmen (Forts. s. u.).

Erst sehr viel später, aber auch noch in der Antike, wird die Wassermühle erfunden, indem man herabfließendes Wasser über Schaufelräder leitet. Der dadurch erreichte immense Fortschritt wird in einem griechischen Gedicht beschrieben:
Haltet geschlossen die Hand der Müllerin, ihr Bäckerinnen. Schlaft lang, auch wenn die Stimme der Hähne den Morgen ankündigt. Denn die Erntegöttin (Deo/Ceres) hat den Händen der Nymphen (Wassergeister!) die Mühlsal übertragen. Die aber springen in das Rad und bewegen die Achse herum. Wir kosten wieder das alte Leben, als wir ohne Mühen die Werke der Erntegöttin (Deo/Ceres) erlernten[43].

Aus diesem Text wird folgendes ersichtlich: Korn zu mahlen, war weithin Sache der Frauen, entweder der Hausfrau oder der Sklavinnen. Für einen Mann galt es oftmals als unschicklich, Korn zu mahlen[44]. Auch das palästinisch-arabische Sprichwort setzt voraus, daß eine Frau die Handmühle betätigt: *Die die Handmühle dreht und einteilt, hungert nicht; und die flickt, wird nicht nackt* – d. h. Frauen können sich von dem, was bei der Arbeit abfällt, ganz gut durchschlagen[45].

Im babylonischen Talmud wird davon ausgegangen, daß die Hausfrau »mahlen läßt« d. h. sie sorgt für das Mahlen, indem es wohl ihre Aufgabe ist, Korn in den Trichter zu schütten und das Mehl aufzufangen[46].

Ferner: Das Mahlen geschah morgens früh, damit das Mehl den ganzen Tag über säuern konnte und am nächsten Morgen (!) gebacken werden konnte. In Ex 11,4–6 wird vorausgesetzt, daß die Magd um Mitternacht oder kurz danach hinter der Handmühle sitzt, denn es heißt: *Um Mitternacht ziehe ich mitten durch Ägypten. Sterben werden alle Erstgeborenen im Ägypterland... bis zum Erstgeborenen der Magd hinter der Handmühle.*

Demnach haben die Frauen »vor Morgengrauen« gemahlen, und man kann sagen: »Das dumpfe, rhythmische Mahlgeräusch gehört zu den integrierenden Bestandteilen des israelitischen Volkslebens[47].« So heißt es in Jer 25,10: *Ich lasse bei ihnen verschwinden den Jubelruf und Freudenruf, die Stimme des Bräutigams und der Braut, das Geräusch der Handmühle und das Licht der Lampe.*
Schließlich: Das Mahlen war sehr mühsam, sonst würde das zitierte griechische Gedicht die Erfindung der Wassermühle nicht als die Rückkehr des Goldenen Zeitalters preisen.
Man hat durch Nachbauen antiker Handmühlen des 2. bis 4. Jahrh. n. Chr. festgestellt, daß man für die Erzeugung von einem Pfund Weizenmehl etwa eine halbe bis eine dreiviertel Stunde benötigte. Für eine mehrköpfige Familie war damit ein Großteil des Tages durch Kornmahlen bereits in Beschlag genommen.

Die beiden mahlenden Frauen (Lk 17,35; Mt 24,41)

Es werden zwei Frauen sein, die an derselben Stelle mahlen, die eine wird mitgenommen werden, die andere aber wird zurückgelassen werden (Lk 17,35); *Zwei Frauen mahlen mit der Mühle, die eine wird mitgenommen, und die eine wird zurückgelassen* (Mt 24,41).
Die beiden Sätze stehen in gleichartigen Zusammenhängen: Direkt vorher ist bei beiden Evangelisten von männlichen Wesen die Rede, die ähnlich – scheinbar wahllos – getrennt werden (zwei liegen auf einem Bett, der eine wird mitgenommen, der andere zurückgelassen). Diese Trennung vollzieht sich, wenn das Gericht kommt. Offensichtlich ist daran gedacht, daß Engel kommen und die Gerechten auf diese Weise aussondern, um sie nach außerhalb der vom Gerichtsfeuer betroffenen Städte zu bringen (Vorbild: Lot und Sodom, vgl. Lk 17,29–32). Die Ungerechten bleiben zurück. Die Scheidung des Gerichts vollzieht sich hier nicht, wie wir zumeist denken, vor dem Thron des Weltenrichters, sondern in den Häusern der Menschen beim Eintreten der Engel.

Das Geschäft des Mahlens wird selbstverständlich von Frauen wahrgenommen.

Warum ist hier nun von zwei Frauen die Rede? Die Exegeten pflegen dieselbe stereotype Erklärung voneinander zu übernehmen: die eine Frau habe gemahlen, die andere das Korn nachgeschüttet. Das wäre eine sehr ungleiche Verteilung der Mühen. Angesichts der langen Dauer des Mahlvorgangs hätte die das Korn nachschüttende Frau nur alle Stunde etwas zu tun. Viel wahrscheinlicher ist dies: Da die Mühlsteine schwer waren, bewegten beide Frauen die »Hand«, die eine innen, die andere außen[48]. Auch sonst gilt: »Die Handmühle wurde mitunter, eben der schwierigen Arbeit wegen, von zwei Menschen bedient[49].« So heißt es in der jüdischen Tradition: *Ebenso, wenn sie im Stehen oder Sitzen (miteinander) weben oder mahlen. R. Schim'on sagt: In allen (diesen Fällen) erklärt man für rein, ausgenommen den Fall, wenn sie miteinander auf einer Handmühle mahlen*[50].

Wie schwer die Arbeit an den Mühlsteinen war, das bezeugen auch rabbinische Texte, die sich Gedanken darüber machen, wie mit beim Mahlen vergossenem und auf den Boden gefallenem Menstruationsblut zu verfahren sei[51].

Archäologische Funde haben gezeigt, daß die Mühlen häufig in der Kammer standen, in der auch das Bett war. Dadurch gewinnt die Zusammenstellung der Sprüche über das Mahlen mit denen über die auf dem Bett liegenden Männer (!) bei Matthäus und Lukas an Überzeugungskraft und Anschaulichkeit. Es wird ein Vorgang am frühen Morgen geschildert: Die männlichen Mitglieder des Hauses ruhen noch auf dem (für alle gemeinschaftlichen) Bett, die Frauen sind schon aufgestanden und mahlen. Das ist die Stunde des Kommens des Menschensohnes, der seine Engel aussendet. Mit Recht haben Bibelausleger aus dieser Stelle gefolgert, daß der frühe Morgen daher als Stunde der Ankunft des Gerichtes, der Wiederkunft des Menschensohnes gilt[52]. Es handelt sich dabei um eine jüdische Tradition, die man in der Zeit der Kirchenväter besonders mit der Osternacht in Verbindung setzte[53], aber diese Eingrenzung auf Ostern besteht in unserem Text noch keineswegs.

Martyrium als Gemahlenwerden

Der christliche Märtyrer Ignatius von Antiochien schreibt in seinem Brief an die Römer im Jahre 117 n. Chr.: *Laßt mich ein Fraß für Bestien sein, durch die es möglich ist, zu Gott zu gelangen! Weizen Gottes bin ich und durch die Zähne von Bestien werde ich gemahlen, damit ich als reines Brot Christi erfunden werde*[54]. – *Reines Brot* bezeichnet Weizenbrot ohne Beimischung, also das Kostbarste an Nahrung, das man kannte, A. Mau spricht von Luxusbrot; vorausgesetzt ist, daß das Weizenmehl fein gemahlen und von Kleie befreit ist[55]. – *Brot Christi* hat eine Entsprechung in dem Ausdruck *Brot Gottes* (Ignatius, Epheserbrief 5,2f). Ich halte es für sehr wahrscheinlich, daß hier an Brot als Opfergabe gedacht ist. So nennt sich Ignatius im Anschluß an die oben zitierte Stelle: *Fleht Christus für mich an, daß ich durch diese Werkzeuge als Gottes Opfer erfunden werde* (An die Römer 4,2). Auch im Umfeld dieser frühchristlichen Autoren ist Brot Opfermaterie, besonders gegenüber Göttinen (von daher auch auf Maria übertragen)[56], aber bei den Schaubroten (vgl. oben) auch im alttestamentlichen Tempel.

Die Erfahrung im Hintergrund dieser Aussagen: Gutes Mehl wird besonders fein gemahlen. In diesem Sinne bewertet Ignatius das Zermalmtwerden durch die Bestien. Wie bei Paulus und Johannes wird der Tod des Gerechten mit dem Geschick von Weizenkörnern verglichen (bei jenen: in der Erde, hier: in der Mühle). Anders als bei Paulus und Johannes steht hier nach dem Tod nicht die Phase von Auferstehung oder Erhöhung im Blick. Opferbrot für Christus zu sein, ist selbst Endzweck.

Ebenfalls einen Vergleich aus dem für die Materie strapaziösen Teil des Backvorgangs nennt das Martyrium des Polykarp 15,2: Der Leib des Märtyrers sei wie Brot aus dem Backofen[57]. Eine gewisse Analogie ist die jüdische Tradition über Hiob. Denn ihm sagt Satan, als Hiob ihn mit verbranntem Brot abfertigen will: *Wie dies Brot völlig verbrannt ist, ebenso will ich auch deinen Leib machen. Für eine Stunde gehe ich fort, und dann werde ich dich zugrunderichten*[58].

Das Gleichnis vom Esel in der Mühle

EvPhil 52: *Ein Esel, der unter einem Mahlstein im Kreis ging, legte hundert Meilen gehend zurück. Als er losgemacht wurde, fand er sich wieder am selben Platz*[59]. Nicht die Handmühle, sondern der von einem Tier bewegte Mahlstein ist der Ausgangspunkt für dieses Gleichnis. Der Esel wird zum Bild für den unerleuchteten, dummen Menschen, dessen Anstrengungen zu nichts führen, weil er im Kreis herum geht. Er ist in Wirklichkeit gefangen. So ist denn das Losgemachtwerden mit dem Augenblick der Erkenntnis identisch: er hat nichts zurückgelegt. Da er in jeder Hinsicht zu spät losgemacht wurde, bleibt nur noch die enttäuschende Erkenntnis am Ende. Oder anders gesagt: Erkenntnis ist dann nur noch als Enttäuschung möglich. Das ist eine Aufforderung, rechtzeitig, d.h. jetzt, sich um das Erkennen zu mühen.

Das Gleichnis vom Mehlkrug

ThEv 97: *Jesus sagte: Das Reich des (Vaters) gleicht einer Frau, die einen Krug trägt, der voll Mehl ist, und die (einen) weiten Weg geht. Der Henkel des Kruges zerbrach; das Mehl strömte herab hinter ihr auf den Weg. Sie merkte (es) nicht; sie wußte nichts vom Mißgeschick. Als sie in ihr Haus gelangt war, stellte sie den Krug auf den Boden. Sie fand ihn leer*[60].
Zugrunde liegende Erfahrungen: Am Henkel sind antike Krüge leicht zerbrechlich, weil sie an dieser Stelle ja gehoben werden, so daß die nähere Umgebung des Henkels oder der beiden Henkel den Druck des ganzen Gewichtes zu halten hat. So gibt es bei den Funden antiker Keramik immer wieder Henkelstücke. Oft löst sich das Henkelstück nicht im Augenblick der Belastung, sondern erst später. Diese Situation ist hier geschildert: Die Frau trägt den Mehlkrug auf dem Kopf, und oben fällt, was sie nicht sieht, das Henkelstück heraus. Den Verlust des Gewichtes und damit das Verschwinden des Mehls merkt sie

nicht, weil das Mehl allmählich herausrieselt. Außerdem wird sie ja müde und nimmt den geringer werdenden Druck nicht wahr, da jeder Druck im Laufe der Zeit stärker spürbar wird. So handelt es sich um ein äußerst realistisches Gleichnis.

Der Vorgang steht für das Reich Gottes, weil das, was am Ende kommt, nurmehr der Abschluß dessen ist, was lange vorher und auch jetzt schon immer kontinuierlich geschieht. So geschieht am Ende nichts eigentlich Neues, sondern das Ende ist nur der Augenblick, in dem wir wahrnehmen, was schon immer geschieht.

Das Rieseln des feinen Mehls wird zum Bild für die Zeit des Menschen überhaupt, für all das, was er, Sachzwängen und Alltäglichkeiten ausgeliefert, doch kontinuierlich tut und erleidet. Alles das wird am Ende offenbar werden. Das Gleichnis will nicht sagen, daß am Ende das Nichts offenbar wird, daß sozusagen alles vergangen ist, vielmehr nur dies: daß am Ende alles das offenbar wird, was jetzt unmerklich geschieht. Reich Gottes ist der Punkt des Offenbarwerdens.

Mehlsiebe

Das Mehl verließ die Mühle durchaus nicht rein, vielmehr bedurfte es in der Regel mehrerer Siebe-Vorgänge. Das übliche antike Brot enthielt dann trotz Siebens immer noch 1,75% an Sand und Schmutz, und zwar auch durch die Mühlsteine und vom Korn her[61]. – Brot aus ungesiebtem Mehl (gr.: *pyrnon*) pflegte man an die Bettler zu geben[62]. Die Siebe selbst waren aus Haaren oder korbartigem Geflecht, bei Plinius (Naturgeschichte 18,108) sind auch Papyrussiebe genannt. Wenn ein Sieb »taub« wurde, ließ es kein Mehl mehr durch[63]. Nur durch mehrmaliges Sieben wurde die Kleie entfernt[64]. – Wenn Jesus daher dem Petrus ankündigt: *Simon, Simon, siehe, der Satan hat sich aus, euch zu sieben wie den Weizen* (Lk 22,31), dann ist durchaus an mehrere Siebgänge und damit an mehrere Versuchungen gedacht. Dabei bedeutet das Bild vom Sieben nicht (nur) Sichtung und Prüfung, sondern eher »Erschüttern« und dadurch zum Abfall bringen; die Erschütterung wird zur Gefahr. »Auf der Erschütterung und ihrer Folge, nicht auf dem eigentlichen Zwecke des Siebens (sc. gereinigte Ware zu erhalten) liegt der Ton[65].« Denn nur das ist ja als Satans Wunsch verständlich! Er will »zum Glaubensabfall durch Leiden verführen«[66].

Getreidemaße

a) 1 *modius* (röm. Maß) = ca. 9 Liter (8,75 Liter)
b) 1 *Sat* (jüdisches Maß) = 1 ½ römische *modii* = 13 Liter (hebräischer Name: *seah*; aramäischer Name: *sata*; griechische Wiedergabe: *saton*)
3 *Sat* (Mt 13,33; Lk 13,21) = 39 Liter
c) Mengenverhältnis Sauerteig/Mehl: 1 kg Sauerteig für 22 Liter (= 2½ *modii*) Mehl
Demnach wurden für die 39 Liter Mehl von Mt 13,33 par etwa 2 kg Sauerteig gebraucht.
d) In Apk 6,6 und anderswo wird ein weiteres Getreidemaß genannt: das griechische Wort *choinix*. Ein *choinix* ist ¼ *modius*.
e) 1 Laib Brot verbraucht durchschnittlich ¹⁄₁₃ *Sat* Getreide[67], also umgerechnet 1 Liter, und wog dann zwischen 500 und 1000 Gramm, in der Regel etwa 750 Gramm.
f) 1 kg Korn mit der Handmühle zu mahlen dauerte 1 bis 1½ Stunden.
g) Die tägliche Speiseration für einen Erwachsenen liegt nach manchen bei 1 *modius* Korn. Das dürfte etwas zu hoch gegriffen sein. Denn die Tagesration für einen Soldaten lag bei 750–1000 Gramm. Als das Existenzminimum gelten 600–750 Gramm (nach anderen 500–750 Gramm, 1 Laib Brot). Für »Arme« rechnet man mit einem Verbrauch von 1200–1500 Gramm Korn, was etwa zwei Mahlzeiten entsprach (nach anderen: 1000–1200 Gramm). (Diese Angaben entstammen verschiedenen Quellen und Berechnungen und sind nur ungefähr kongruent)[68].

IV Fertigstellung und Verteilung des Brotes

Über den Bauern des Moretum, des unter den Werken Vergils überlieferten Gedichts über das Brotbacken, haben wir schon vernommen, wie er Getreide mahlt und siebt. Nun wird das Kneten beschrieben: *Er breitet sie (sc. die Gabe der Ceres, d.h. das Mehl) auf glattem Tische aus und begießt sie mit lauwarmem Wasser. Er mischt alles zusammen, das Mehl und die Gabe der Quelle, knetet den Teig mit der Hand und besprengt ihn mit geläutertem Salzwasser. Jetzt hebt er das Werk vom Tisch empor und formt es mit den Händen rund und kennzeichnet es dann mit viereckigen Stempeln, schön in gleichmäßigem Abstand. Er bringt den Brotlaib zum Herd – Scybale (die Sklavin) hat vorher eine Stelle gut abgeputzt – und deckt ihn mit dem Backtopf zu und häuft glühende Kohlen darüber. Während Vulcanus und Vesta (sc. die Götter des Feuers und des Herdes) ihre Arbeit nun tun, steht Simylus nicht müßig herum. Er sucht sich ein anderes Geschäft. Damit sein Gaumen der Ceres nicht überdrüssig werde, schaut er nach Beikost sich um. Doch hat er über dem Herd keinen Rauchspeck und keine Schinken zu hängen, nur ein runder, durchbohrter Käse war da an der Schnur neben den alten Dillbündeln*[69]. Es wird nun der üppige kleine Garten des Bauern geschildert und wie der Bauer eine teigartige Mischung aus Knoblauch, Sellerie, Rautenblättern und Koriander herstellt; Salz, Wasser und Käse, Öl und Essig treten hinzu. So ist das »Moretum« fertig. – Nicht unwichtig ist auch die Notiz: *Nur selten brachte er aus der Stadt die Ware des Fleischers mit*[70].
Ein antikes römisches Grabmahl, das Grab des Eurysaces enthält auf Reliefs Darstellungen des gesamten Vorgangs des Brotbereitens[71]. Das waren: Einkaufen des Getreides, Mahlen, Sieben des Mehls, Herstellung des Sauerteigs, Kneten des Teigs,

Formen des Brotes auf dem Backtisch und Backen des Brotes in Backöfen. – Das alles lag hauptsächlich in den Händen von Frauen, wie es denn bei Plinius heißt: *Dies war vor allen Dingen Aufgabe der Frauen*[72].

Insgesamt war daher Backen ein zeitaufwendiges Geschäft. Daher konnten die Rabbinen sagen: *Wenn der Regen im Jahr zur Zeit fällt, so ist dies ebenso, als wenn ein Diener seine Nahrungsmittel von seinem Herrn am Sonntag erhält, so daß der Teig gehörig ausgebacken und gegessen werden kann. Wenn aber der Regen im Jahre nicht zur Zeit fällt, so ist dies ebenso, als wenn ein Diener seine Nahrungsmittel von seinem Herrn am Vorabend des Sabbats erhält, so daß der Teig nicht gehörig ausgebacken und gegessen werden kann*[73]. Das heißt: Wenn die Zutaten am Sonntag, am ersten Tag der Woche geliefert werden, hat man die ganze Woche über Zeit, vorzubereiten und zu backen. Werden sie dagegen erst am Freitagabend geliefert, so besteht keine Zeit mehr für den aufwendigen Vorgang, da der Sabbat mit seinem Arbeitsverbot um diese Zeit beginnt.

Nicht unwichtig für die Antike, jedoch noch wenig erforscht, ist die Institution der professionellen Bäcker. Für Ägypten und Italien (Pompeji) sind diese bekannt: das Alte Testament erwähnt den »Oberbäcker« in der Josephsgeschichte (Gen 40,1.2.16f.20; 41,10; vgl. Jubiläenbuch 39,14.17), und zwar als hochrangigen Beamten; in der griechischen Bibel heißt er *sitopoios* oder *artokopos* (Brotverkäufer); die Bäckerei heißt *artokopeion* (Brotverkaufsstelle). Die griechische Bibelübersetzung des Alten Testaments erwähnt in 1 Chron 16,3 *Bäckerbrot* (gr. *artokopikos*) und *Honigkuchen*, wobei das erstere offensichtlich professionell hergestelltes Brot ist; der hebräische Text hat: *Rundbrot, Dattel- und Rosinenkuchen*. Die 50 Backöfen Hiobs, von denen er nach der jüdisch-hellenistischen Schrift »Testament des Hiob« 12 zur Versorgung der Armen bereitstellt[74], werden wohl auch am ehesten von hauptamtlichen Bäckersklaven bedient worden sein. – Ebenfalls nach Ägypten weist die Notiz in derselben Schrift, daß auf dem Höhepunkt der Not Hiobs Frau sich nicht schämte, *auf den Markt zu gehen und Brot von den Brotverkäufern zu erbetteln, bis sie mir (sc. Hiob) etwas bringen konnte und ich zu essen hatte*[75].

Daß wir im Neuen Testament keinen Beleg für das Wort »Bäcker« haben, liegt wohl nicht daran, daß es in Palästina, Kleinasien und Griechenland keinen Bäcker gab, sondern daß Bäcker an Höfen und auf den Märkten großer Städte anzutreffen waren, also in jenem Milieu, dem das Neue Testament fremd ist.

Sauerteig

Zum praktischen Gebrauch von Sauerteig

Außer gesäuertem Brot kennt die gesamte antike Welt auch ungesäuertes, und dies war in der älteren Zeit offenbar die Regel. Seit der frühen Klassik (Kratinos d. Ä.; 5. Jh. v. Chr.) gibt es, wenn auch damals noch als Rarität, in Griechenland gesäuertes Brot. Im 2. Jh. v. Chr. und bis zum Beginn der christlichen Ära gibt es in Rom noch kein gesäuertes Brot[76]. Das ungesäuerte Brot heißt im Griechischen *mazai* (vgl. aram. *mazzen*); das Wort ist auffallend identisch mit dem hebräischen Wort *massa* (Mazzen) (Ex 12,39).

Noch in der oben zitierten Anweisung Senecas zum Brotherstellen fehlt der Sauerteig: nach der Schilderung des Mahlens heißt es nur: *Darauf feuchtete er das Mehl mit Wasser an, knetete es gründlich durch und formte Brot, das zunächst heiße Asche und glühender Ziegelstein buk, später im Laufe der Zeit erfundene Öfen, deren Hitze seinem Willen zur Verfügung stand.*

Bei Plinius dagegen ist die Verwendung von Sauerteig dagegen allgemein üblich. Daher könnte man sagen, daß in der Kaiserzeit zwischen Seneca und Plinius d. Ä. Sauerteig in Rom üblich wurde. Dennoch gibt es in antiken Listen über Brotsorten immer wieder auch Zeugnisse für weniger oder gar nicht gesäuerte Brote[77].

Nach Plinus d. Ä., Naturgeschichte 18,102 benötigt man für zweieinhalb Maß Mehl, d. h. etwa für 22 Liter, zwei bis drei

Pfund Sauerteig. Über dessen Herstellung weiß man folgendes: Entweder ließ man am Tag vor dem Backen etwas Teig zurück und ließ ihn sauer werden oder man verknetete Hirse- oder feine Weizenkleie mit Most und »machte daraus kleine Kuchen, die man vor Gebrauch zusammen mit Speltmehl erwärmte« oder man benutzte auf Kohlen gebackene und dann sauer gewordene Gerstenkuchen (vgl. Plinius, Naturgeschichte 18,102–104; Geopon II 33,3) oder man verwendete Bierhefe[78].

Wenn man Sauerteig nicht selbst herstellen konnte, bestand auch die Möglichkeit, sich etwas von der Nachbarin zu leihen, ein Anlaß zum nachbarschaftlichen Gespräch[79].

Über die Zeit, die das Durchsäuern brauchte, gibt es eine interessante Notiz im Jerusalemer Talmud: *Die Frauen von Lydda kneteten ihren Teig, gingen hinauf und beteten (in Jerusalem) und waren schon zurück, ehe ihr Teig sauer wurde*[80]. Das heißt: Da schon die bloße Luftlinie Lydda/Jerusalem 17 km beträgt, war der Weg hin und zurück nach Jerusalem eine Tagesreise. Das Durchsäuern dauerte damit länger als von Sonnenaufgang bis Sonnenuntergang. So vor allem wird die Formulierung der Vaterunserbitte verständlich, daß der Herr das »Brot für morgen« heute geben soll (s. u.). Denn »heute« muß das Korn gemahlen und das Mehl zum Säuern angesetzt werden.

Der Sauerteig wurde mit dem Mehl verknetet, so daß er möglichst über dessen ganze Masse verteilt wurde. Natürlich mußte man den Sauerteig von Anfang an mit dem Mehl verbinden, sonst galt das Sprichwort: *Wer seinen Teig ohne Sauerteig knetet – wie soll der gesäuert werden*[81]?

Sauerteig als Bild im frühen Christentum

Kennzeichnend für das Judentum zur Zeit Jesu und das frühe Christentum ist eine teils positive, teils aber ganz negative Wertung des Sauerteigs, wenn es um die bildliche Redeweise geht.

Sauerteig als positives Bild: im Judentum dieser Zeit ist Sauerteig

Bild für die Freude wegen des Aufgehens[82], Bild für die Kraft der Thora wegen seiner unwiderstehlichen Kraft[83]. – Im Neuen Testament ist Sauerteig Bild für das Gottesreich (s. unten). Sauerteig als negatives Bild: Im Judentum dieser Zeit ist Sauerteig Bild für Stolz und sinnliches Vergnügen[84], bei den Rabbinen ist er Bild für den bösen Trieb[85]. – Eine der Ursachen für die negative Wertung ist auch, daß Sauerteig nicht geopfert werden kann[86]. Das schlägt besonders in der paulinischen Bildersprache durch: In 1 Kor 5,6–8 sagt Paulus der Gemeinde: *Nicht recht ist euer Rühmen. Wißt ihr nicht, daß ein wenig Sauerteig den ganzen Teig säuert? Räumt aus den alten Sauerteig, damit ihr seid ein neuer Teig, gleichwie ihr ungesäuert seid. Denn unser Osterlamm wurde geschlachtet, Christus. Daher laßt uns feiern nicht in altem Sauerteig und nicht in Sauerteig von Schlechtigkeit und Bosheit, sondern in Ungesäuertem von Reinheit und Wahrheit.*
Paulus stützt sich hier auf die Vorschrift des Alten Testaments, daß am Passahfest der Sauerteig aus dem Haus entfernt werden muß, weil am Passahfest sieben Tage lang ungesäuertes Mazzenbrot genossen werden soll (Ex 12,15; 13,3.7). Paulus verwendet diese Regel als Bild für den Gegensatz von alt und neu: Das Alte, Frühere ist vergangen, jetzt ist etwas Neues geschehen. Und dieses Neue erfordert, daß auch noch die letzten Spuren des Alten beseitigt werden. Paulus kann deshalb die Passahsymbolik verwenden, weil man den Tod Jesu als Tod eines Passahlammes auffassen konnte und aufgefaßt hat. Wahrscheinlich kannte Paulus die auch im JohEv belegte Auffassung, daß Jesus zu der Stunde starb, in der die Passahlämmer geschlachtet wurden. Denn in Joh 18,28 heißt es vom Morgen des Hinrichtungstages Jesu: *Sie führen nun Jesus von Kaiphas in das Prätorium; es war aber in der Frühe; und selbst gingen sie nicht in das Prätorium hinein, damit sie nicht befleckt würden, sondern das Passah essen könnten.* In Joh 19,31 wird der Tag der Kreuzigung ausdrücklich als »Rüsttag« (nämlich: vor dem Fest) bezeichnet.
So konnte Paulus sich an eine Auffassung anschließen, die Jesus als Passahlamm (als Zeichen der Erlösung) ansah, und hier in

1 Kor 5 zieht er nun die moralischen Konsequenzen daraus: Wenn ein Passahlamm geschlachtet wurde, dann gilt auch die Beseitigung des alten Sauerteigs. Der Sauerteig steht damit für alle Verderbtheit der noch nicht erlösten Menschen. – Die christliche Existenz wird demgegenüber mit einem Fest verglichen, an dem die Spuren des Alten ganz beseitigt sind. Dieses gilt, wie Sauerteig am Passahfest, als »unrein«. Und Paulus ist hier auf kultische Bilder dieser Art angewiesen, weil er von der Heiligkeit und Reinheit der Gemeinde her argumentiert.

Es ist natürlich fraglich, wieweit die Korinther, die ja zumindest ganz überwiegend Heiden, nicht Juden, gewesen waren, die Bildersprache des Paulus in diesem Punkt verstanden haben. Tendenziell negativ wird der Sauerteig auch gewertet in einer Paulus und den Evangelien gemeinsamen sprichwörtlichen Rede, wonach nichtchristliche jüdische Lehrer (oder Autoritäten; kurzum: alles, was Einfluß hat) als Sauerteig bezeichnet werden. So sagt Paulus in Gal 5,9 über die Gegner in Galatien, die dort für die Christen die Beschneidung (wieder) einführen wollen: *Wenig Sauerteig säuert den ganzen Teig*, und in Mk 8,15 sagt Jesus zu den Jüngern: *Seht zu, hütet euch vor dem Sauerteig der Pharisäer und vor dem Sauerteig des Herodes.* Die Jünger mißverstehen Jesu Wort zunächst im wörtlichen Sinn, Jesus macht sie dann drauf aufmerksam, daß man sein Wort übertragen verstehen muß. – In Mt 16,5f heißt es: *Und als die Jünger nach gegenüber kamen, vergaßen sie, Brote mitzunehmen. Jesus aber sagte zu ihnen: Seht zu und nehmt euch in acht vor dem Sauerteig der Pharisäer und Sadduzäer.* An die Stelle des Herodes bei Mk traten hier die Sadduzäer. Auch hier mißverstehen die Jünger im wörtlichen Sinn, und Jesus belehrt sie: Er hat nicht über Brote zu ihnen gesprochen (16,11). *Da verstanden sie, daß er nicht davon sprach, sich in acht zu nehmen vor dem Sauerteig der Brote, sondern vor der Lehre der Pharisäer und Sadduzäer* (16,12). – Die Erfahrung mit Sauerteig, die hier zugrundeliegt, ist: Er durchdringt alles, hat mächtigen, alles umgestaltenden Einfluß. So wird wohl in diesen Bildern Sauerteig nicht an sich negativ gewertet (anders als am Passahfest), sondern er steht dafür, daß eine kleine Portion alles andere durchdringt in einem expansiven Prozeß. Und dann kommt es darauf an, wer mit dem Sauerteig bezeichnet wird. Nach seiner Einschätzung richtet sich auch die Bewertung der »erobernden« Kraft des Sauerteigs. – Aber es ist zuzugeben, daß für Christen und die Wirkung ihrer Lehre das Bild des Sauerteigs nicht verwendet wird. Jedoch gibt es auch zur Beurteilung des Wirkens Jesu und seiner Jünger ein ähnliches Bild: Salz der Erde (Mt 5,14). Und den Prozeß des Durchdringens kennt auch das frühe Christentum als »offensive Reinheit«, als eine Reinheit, die nicht empfindlich, sondern »erobernd« und durchdringend ist[87]. Man kann daher sagen: Das Bild vom Sauerteig ist eine spiegelbildliche Entsprechung zum Konzept der offensiven Reinheit. Es steht für »Infiltration«. Die Verwendung des Bildes zeigt, eine wie große Gefahr nichtchristliche jüdische Autoritäten für das frühe Christentum darstellten, da sie einen Vorsprung an Rechtmäßigkeit zu besitzen schienen.

Das Gleichnis vom Sauerteig
(Mt 13,33 par und ThEv 96)

Er redete zu ihnen ein anderes Gleichnis: Das Himmelreich gleicht einem Sauerteig, den eine Frau nahm und in drei Sat Weizenmehl verbarg, bis es ganz durchsäuert war (Mt 13,33; Lk 13,20f).
ThEv 96: *Das Reich des Vaters gleicht einer Frau. Sie nahm ein wenig Sauerteig. Sie verbarg ihn im Mehl. Sie machte ihn zu großen Broten.*
Zunächst zu der Fassung, die Mt und Lk gemeinsam ist: Drei Sat Mehl sind etwa vierzig Liter. Das ergäbe (mit Wasser und Sauerteig nach dem Backen) fünfzig Kilo Brot – eine ganz außergewöhnliche Menge. Dieselbe Menge begegnet übrigens auch in Gen 18,6, wo Sara für die Gottesboten gleichfalls drei Sat Mehl zu Brot verarbeitet. Ohne Zweifel liegt dem Gleichniserzähler daran, dem Hörer eine riesige Menge Brot vor Augen zu führen: denn es wird ja ein Bild für die Welt gesucht. –

Beabsichtigt ist auch der ungewöhnliche Ausdruck: *sie verbarg* (nämlich den Sauerteig im Mehl). Denn der Sache nach geht es ja um Kneten und Vermengen. Das Wort »verbergen« ist sicher gewählt, um die gegenwärtige Unsichtbarkeit und Nicht-Aufweisbarkeit des Gottesreiches in der großen Welt anzuzeigen. – Der Sinn des Gleichnisses dürfte daher sein: Ähnlich wie im Gleichnis vom Mehlkrug (s. o.) ist das Reich Gottes Ergebnis eines Prozesses, der unsichtbar und unerkannt sich bereits jetzt vollzieht. Wie in dem genannten Gleichnis ist der Endpunkt des Prozesses so etwas wie die »Vollendung der Herrschaft Gottes«. Tröstend und ermahnend zugleich ist das Gleichnis: Tröstend, weil auch Sauerteig wenig ist im Verhältnis zur Masse, die er durchdringen muß, weil er sein »Ziel« aber mit »innerer Zielstrebigkeit« und absoluter Sicherheit erreichen wird. Ermahnend, weil Christentum, das nicht mehr expansiv, missionarisch und in diesem Sinne »erobernd« ist, keines mehr ist.

Etwas anders ist die Pointe im ThEv: Die Mengenangabe beim Mehl fehlt. Es geht daher nicht um den für Mt und Lk typischen Kontrast, daß die riesige Welt von dem durchdrungen wird, das verborgen ist. Statt dessen heißt es im ThEv, daß es sich um *ein wenig* Sauerteig handelt und daß der Teig zu *großen Broten* gemacht wird. Somit ist hier der Kontrast zwischen *gering, wenig, klein* und *groß* entscheidend, also die reine Quantität. Dieser rein mengenmäßige Kontrast findet sich bei den Gleichnissen im Neuen Testament eher beim Senfkorngleichnis (das kleinste Korn wird der größte Baum, vgl. Mk 4,31f). Damit verschiebt sich auch die Pointe: Das Reich Gottes ist das größte Wunder, ist staunenswert in seinem Werden. Ein Wunder aber hat vor allem werbenden Charakter. So gehört die Fassung des ThEv eher in die anfängliche Missionspredigt.

Sauerteig als liturgisches Symbol

In der nestorianischen Liturgie (Abendmahlsfeier einer seit dem Konzil von Ephesus 431 n. Chr. abgespaltenen Ostkirche) hat Sauerteig besondere, und zwar doppelte Bedeutung: Einmal wird von der jeweils letzten Eucharistiefeier her Teig aufbewahrt, der inzwischen gesäuert ist; er wird zu Beginn des Gottesdienstes mit feinem Mehl, Olivenöl und warmem Wasser gemischt und dann als Brot gebacken. Zum anderen gibt es die sog. *malca,* heiligen Sauerteig, der besonders aufbewahrt und immer wieder erneuert wird. Oft gilt er als das sechste der sieben Sakramente. Er ist (so die Tradition) von dem Brotlaib, der dem Lieblingsjünger Johannes beim letzten Mahl von Jesus gegeben wurde, dieser hat dann davon dem Apostel Thomas gegeben, dieser davon Bartholomäus, dieser dann Addai, dieser dann Mari, von ihm hat es dann die nestorianische Kirche[88]. – Hier wird die Erfahrung verwertet, daß ein Stückchen gesäuertes Brot eine neue, ungesäuerte Mehlmasse wieder neu säuern kann. Dadurch wird Sauerteig mit der Fähigkeit, die Säure weiterzugeben, zum sinnlich greifbaren Symbol der Traditionskette, in der sich die Gemeinde weiß. So wird gewissermaßen jeder Gottesdienst durch den überkommenen Sauerteig in die von den Aposteln, am Ende vom Lieblingsjünger herrührende Tradition hineingestellt. Diese ist nicht an Amt oder Lehre gebunden, sondern an die Materie des Mahls.

Auffallend ist im Gegensatz zur westlichen Tradition, daß hier beim Abendmahl überhaupt Sauerteig verwendet wird. Das hat teilweise auch antijüdische Gründe: Frühe Kirchenordnungen (4. Jahrh.) verbieten ungesäuertes Brot für Christen, denn das hieße *mit den Juden fasten*[89].

Kneten, Salzen und Backen

Zur praktischen Herstellung

Sauerteig wird mit Mehl zusammen geknetet – eine typische Frauenarbeit (vgl. die oben genannten Gleichnisse und Lk 13,20.21; Mt 13,33 unter Jer 7,18); das Griechische hat dafür gleich zwei Fachausdrücke (*fyran,* daher dann das Wort *fyrama* für Teig, und *mattein*). Das Kneten geschieht in einem Backtrog

59

(gr.: *maktra*), der aus Holz, Stein oder Ton ist. – Zum Brot gehört auch Salz[90], doch gibt es auch »ungesalzene Brote«[91]. Regional war es sogar üblich, das Brot ungesalzen zu servieren und dazu dann Salz zu essen, offenbar galt das von den Gerstenkuchen (gr.: *mazai*)[92].

Für die Gesamtherstellung hat der Römer Marcus Porcius Cato um 200 v. Chr. in seiner Schrift über den Ackerbau (De agricultura) folgende Anweisung gegeben: Die Hände und die Reibschale (= Backtrog) gut waschen, Mehl in die Reibschale schütten, nach und nach Wasser zugießen, gut kneten und formen, in einer irdenen Schüssel backen in heißer Asche, die auch über den Deckel des Gefäßes ausgebreitet sein soll[93].

Der Backofen braucht viel Hitze und ist daher der Ofen schlechthin (gr.: *kaminos,* daher unser Wort »Kamin«; oder: *klibanos* wie in Mt 6,30; Lk 12,28). Der »Feuerofen«, in den die Bösen geworfen werden, ist daher ein regelrechter Backofen (Mt 13,42.50). – Die Römer kannten auch in der Pfanne geröstetes Brot *(panis artopticius)*. – Die meisten Backöfen waren aus Eisen und leicht transportabel, sie konnten auch ausgeliehen werden[94].

Schon das Alte Testament beschreibt die Aufgabenverteilung wie folgt: *Die Kinder sammeln Holz, die Väter setzen das Feuer in Brand und die Frauen kneten den Teig* (Jer 7,18). Die Aufgabe der Väter muß dabei nicht in jedem Falle die leichteste gewesen sein. Wenn kein Backofen zur Verfügung stand, mußte oder konnte das Brot auch in heißer Asche auf dem Erdboden gebacken werden[95]. Man nennt es dann »aschegebackenes Brot« (gr.: *artos spodites*); in der Regel wird es »Brot der Trübsal« genannt: es wird in einer Erdvertiefung mit Öl und Salz gebacken. – Interessant ist die Frage für Joh 21,9 *(Wie sie nun aussteigen ans Land, sehen sie ein Kohlenfeuer liegend und einen Fisch daraufliegend und Brot)*, nach 21,12 sagt Jesus dann zu den Jüngern: *Auf, frühstückt!* – Die Frage ist, ob nach 21,9 auf dem Feuer auch Brot gebacken wurde; nach R. E. Brown ist unklar, ob das Brot auch mit auf dem Feuer war[96]. Die Kombination von Brot und Fisch entspricht der in Joh 6,9. Jedenfalls der Fisch wurde geröstet oder gebraten[97].

Die älteren Exegeten beschäftigt die Frage, woher Jesus als Auferstandener die Mahlzeit genommen habe. C. F. Keil antwortet: »Jesus, der nach c. 6 schon in den Tagen seines Fleisches mit fünf Broten und zwei Fischen Tausende sättigte und auf dessen Geheiß nach Mt 17,27 Petrus den Fisch mit dem Stater fing, wird als der Verklärte auch die Macht besessen haben, das Erforderliche für das Frühmahl der Jünger herzurichten[98].« – Man sieht: Wo die Exegeten sich zu wundern beginnen, dort sind sehr bald eine Menge Wunder nötig, um die Geschichte wieder ins Gleichgewicht zu bringen.

Nach Rupert von Deutz ist das Ganze symbolisch zu deuten: der Fisch bedeute die Menschheit, das Brot die Gottheit, nämlich das »leidensunfähige Brot der Engel« – das setzt wohl voraus, daß das Brot seiner Ansicht nach nicht auf, sondern neben dem Feuer lag[99].

Resultat: Die Frage, ob es sich in Joh 21,9 um ein direkt über Kohlen gebackenes Brot (gr.: *artos apopyrias*), also eine Art Toast gehandelt haben soll, ist nicht sicher zu entscheiden. Denn von der Satzkonstruktion her ist es möglich, daß die Jünger das Brot nur außer dem Fisch sahen, es muß nicht auch auf dem Feuer gelegen haben.

Im übrigen liebte man es, das Brot warm und ofenfrisch zu essen[100], das galt besonders vom syrischen *lachma*, einer Delikatesse[101].

Brot wird aus vielen Körnern eines[102]

Aus der Brotherstellung hat besonders ein Gesichtspunkt immer wieder zu symbolischer Deutung Anlaß gegeben: daß viele Körner zusammengetragen werden müssen, damit daraus ein Brotlaib werden kann. So heißt es schon im Anschluß an den Brotsegen (Danksagung) in der frühchristlichen Lehrschrift (1. Jh.) Didache 9,4: *Wie dies verstreut war auf den Bergen und zusammengebracht ein Brot wurde, so soll deine Kirche zusammengebracht werden von den Grenzen der Erde in dein Reich. Denn dein ist die Herrlichkeit und die Kraft in Ewigkeit.* Für den

Entstehungsort des Gebetes hat man daraus gefolgert: »Das Brot, das auf den Hügeln wächst, paßt sehr gut nach Syrien und Palästina, aber gar nicht nach Ägypten: wo in Ägypten das Land sich erhebt, herrscht die glutheiße Wüste«[103]. – Ähnlich lautet dann auch die Bitte um Zusammenführung des Zerstreuten in Didache 10,5, hier aber ohne den Brotvergleich.

Bei Johannes Chrysostomus wird eine ähnliche Metaphorik zu 1 Kor 10 entfaltet. Paulus schrieb in 1 Kor 10,16 f.: *Das Brot, das wir brechen, ist es nicht Gemeinschaft des Leibes des Christus? Weil ein Brot, sind wir, die Vielen, ein Leib, denn alle haben wir teil an dem einen Brot.* Bei Paulus geht es freilich um die gemeinsame Anteilhabe aller an dem einen Brot. Anders bei Johannes Chrysostomus. Er sagt: *Denn wie das Brot aus vielen Körnern besteht und geeint ist, so daß die Körner nicht mehr sichtbar werden, so daß es sie zwar noch gibt, aber ihr Unterschied durch den Zusammenhalt unsichtbar ist, so hängen auch wir miteinander und mit Christus zusammen*[104]. Hier geht es um die Homogenität der Körner im Brot.

In einem Tischgebet für christliche Asketinnen, das sich bei Athanasius von Alexandrien findet, heißt es: *Wir danken dir, unser Vater, für deine heilige Auferstehung. Denn durch Jesus, deinen Knecht, hast du sie uns kundgetan, und wie dieses Brot zerstreut war, das auf diesem Tisch liegt, und zusammengebracht eins wurde, so soll zusammengebracht werden deine Kirche von den Grenzen der Erde in dein Reich, denn dein ist die Kraft und die Herrlichkeit in Ewigkeit*[105].

Brotqualität und Brotsorten

Die Brotqualität der Antike war noch in der Zeit der griechischen Klassik, für den gemeinen Mann aber durchgehend, unvorstellbar schlecht: »Man muß sich mit dem Gedanken versöhnen, daß die rühmliche Ära von Perikles, Demosthenes, Aristoteles und Plato auf einem Brot basierte, welches man heute auch in halbwegs zivilisierten Ländern nur den Schweinen vorsetzen könnte«[106]. Nur das feine, helle Weizenbrot war von besserer Qualität, doch dieses war nur der allerobersten Schicht vorbehalten. Und in der Regel wird die Rolle des Weizens in der Antike stark überschätzt. Das gewöhnliche Brot ist Gerstenbrot, und so berichtet es Joh 6,9.13 (vgl. Apk 6,6): *Es ist ein Knabe hier, der hat fünf Gerstenbrote und zwei Fischlein; aber was ist dieses für soviele?... Sie trugen nun zusammen und füllten zwölf Körbe mit Stücken von den fünf gerstenen Broten, die übriggeblieben waren von denen, die gegessen hatten.*

Von den alten Auslegern bemerkt Origenes, daß dieses kein »feines« Brot ist, und er erklärt zu Joh 6,9: Die drei anderen Evangelisten hätten sorgsam verschwiegen, um welche Brotsorte es sich bei der Brotvermehrung gehandelt habe, sagten nicht, ob es feuergebacken und daß es Gerstenbrote gewesen seien. Nur Johannes erwähnte Gerstenbrote, aber die Jünger getrauten sich nicht, das zuzugeben, schämten sich gewissermaßen und verwiesen auf einen Knaben, der fünf Gerstenbrote habe[107]. Als ob dem Gottessohn Gerstenbrote, die, wie gesagt, heute eher als Schweinefutter verwendet werden müßten, nicht gut genug gewesen wären. Aber das »tägliche Brot« ist zweifellos Gerstenbrot. Es war verhältnismäßig schwer: »Das Brot der Alten war dichter und schwerer als das unsrige: gewöhnliches Brot sank im Wasser unter: Galen VI 494 K[108].«

Nur wenn Ignatius sagt, er wolle – bildlich gesprochen – *reines Brot Christi* werden, dann ist damit das helle, reine Weizenbrot gemeint. Je heller das Brot, desto nahrhafter war es, desto reicher die Leute; je dunkler, desto ärmer.

Die sozialen Aspekte der verschiedenen Brotsorten werden auch von antiken Autoren hervorgehoben; es handelt sich dabei auch geradezu um einen literarischen Gemeinplatz, denn die Art des Brotes läßt erkennen, wohin man gehört. So sagt Plinius d. Ä.: *...ferner, daß sie (die römische Bevölkerung) von künstlichem und hohlem Gebäck lebt, der Vornehme ein anderes Brot ißt als das Volk und das Getreide durch alle Schichten der Gesellschaft bis zu den Ärmsten hinab verschieden bereitet wird*[109]. Bei Juvenal heißt es: *Immer, je größer ein Haus, um so mehr* *hochmütige Sklaven. Siehe, mit welchem Gemurre ein anderer Brot dir gereicht hat. Kaum geschrotetes Mehl und klumpige, schimmlige Brocken, welche den Backenzahn Mühe kosten und nicht das Zerbeißen gestatten. Aber das hellweiß und zart aus feinstem Mehl gemachte wird für den Herrn bewahrt. Hab acht, zu bezähmen die Rechte, hab Ehrfurcht vor diesem Gebäck...*[110]. Abgesehen von der Qualität war auch die Quantität häufig beklagenswert: *...während durch falsches Maß der Sklaven Magen er züchtigt, hungert er selber auch mit, denn er überwindet sich nimmer, alle Brocken des Brots, vom Schimmel blau, zu verzehren*[111].

Das bis zum 2. Jh. v. Chr. überall dominierende ungesäuerte Brot war ein Gerstenbrot. Es bleibt das Brot der Ärmeren und der Sklaven. Weizen wird seit der griech. Klassik gebräuchlicher (6. – 5. Jh. v. Chr.). Die eigene Weizenerzeugung genügte bald nicht mehr; Weizen wurde vor allem aus Ägypten eingeführt, und so klagt schon Demosthenes: *Kein Volk verbraucht so viel eingeführtes Getreide wie wir* (Gegen Leptines 467 B). Plato nennt noch an erster Stelle Gerste: *Und nähren werden sie sich, indem sie aus Gerste Graupen und aus Weizen Mehl bereiten. Das kneten und backen sie, machen schöne Kuchen und Brote und stellen sie auf Binsen oder reinlichen Blättern vor sich hin.*[112]

Immer wieder finden sich bei antiken Autoren Listen der Brotsorten, die Feinschmeckern, wenn auch teilweise nur regional, zur Verfügung standen[113]. Es wäre zwar eine Freude, diese Listen zu zitieren (besonders: die Fachausdrücke für die Brotsorten möglichst sinnenfällig ins Deutsche zu übersetzen), allein – für unser Thema brächte das nicht viel, denn alle diese Brotsorten standen den Christen in Palästina und denen der frühchristlichen Gemeinden nicht zur Verfügung. Spätere Bestimmungen des Talmud kennen fünf Brotsorten, die dem Zehnten (Auslösung) unterworfen sind[114].

Belegt sind im Judentum mannigfache »Korn«-Mischungen, so mit gemahlenen Saubohnen, Linsen oder Kichererbsen[115], Reis und Kuhweizen. Oft werden geringere Mehlsorten mit wert-

volleren gemischt. Jedoch für das Passahmahl sind nur Weizen und Gerste zugelassen.
In der frühchristlichen Offenbarungsschrift, die unter dem Namen »Hirt des Hermas« bekannt ist, wird zu Hermas, dem Empfänger der Visionen, gesagt: *Da du so begierig (auf Offenbarung) bist und so eifrig, alles zu wissen, gehe auf den Acker, wo du deine Graupen anbaust, und um die fünfte Stunde werde ich dir erscheinen...*[116]. Das griech. Wort »Graupen/Dinkel anbauen« (gr.: *chondrizein*) findet sich nur hier. Aus diesem bei uns im Mittelalter noch mehr gebräuchlichen Getreide pflegten die Römer der vorchristlichen Jahrhunderte ihren »Spelt-Brei« (lat.: *puls*) zu machen (Plinius, Naturgeschichte 18,62). Peter Lampe hat daraus weitreichende Konsequenzen gezogen: Hermas baue dieses schlichte Getreide aus Solidarität mit den weniger Wohlhabenden an und er wolle mit seinem »Anbau, der auf ein Symbol altrömischer Genügsamkeit zurückgreift, zeichenhaft die Tugend des selbstgenügsamen Lebens propagieren.« »Sein Landbau entspricht dem, was er als Prophet predigt.«[117] Das scheint mir nicht richtig zu sein. Folgende Erklärungsmöglichkeiten bieten sich an:
a) Hermas scheint kein besonders geschickter Geschäftsmann gewesen zu sein[118], was seiner Theologie freilich keinen Abbruch tut. Hatte er nur auf die falsche Sorte gesetzt?
b) Angesichts des wenigen, das wir heute noch über Dinkel-Anbau wissen, kann man vermuten: Wahrscheinlich gab der Acker nicht mehr her.
c) P. Lampe überschätzt wohl entschieden die Zahl der Reichen, die sich Weizen leisten konnten. Die Masse lebte von Gerste – aber doch eben nicht von Dinkel.
Interessant scheint mir folgende neue Deutungsmöglichkeit zu sein:
d) In den jüd.-hell. »Prophetenleben« (1. Jh. n. Chr.) wird zu Daniel in § 16 über König Nebukadnezar gesagt, daß er in der Zeit seiner Buße (auch die griech. Bibel berichtet in Zusätzen zu Dan 4 davon) von Grünpflanzen und »eingeweichten Hülsenfrüchten« gelebt habe; eingeweichte Hülsenfrüchte aber wurden

mit dem lat. Wort *puls* (Gen.: *pultis*) bezeichnet (noch heute im Englischen *pulse*). Es handelt sich demnach um eine Speise des Büßenden. Nun aber kann man beobachten, daß das gesamte Christentum des Hermas wesentlich eine Erneuerung bzw. Fortsetzung der urchristlichen Umkehrpredigt ist. Es handelt sich daher um eine spezifische Büßer-Nahrung, die Hermas anbaut.

Der Text ist daher m. E. im Unterschied zu P. Lampe nicht sozialgeschichtlich, sondern ritualgeschichtlich zu erklären. Der archaische Körnerbrei ist an der Stelle von Brot sichtbares Zeichen dauernder Bußgesinnung.

Aufbewahrung

Aufbewahrt wurden die fertigen Brote (nicht jeden Tag wurde gebacken) in Körben (auch unser »Brotkorb« kommt noch aus dieser antiken Sitte). Im Neuen Testament dienen die Körbe (gr.: *kofinoi* Mt 14,20; 16,9) der Aufnahme der übriggebliebenen Stücke bei der Brotvermehrung (s. u.), aber schon das Alte Testament kennt in Körben aufbewahrtes Brot (Gen 40,16; Ex 29,3.23). Auch bei Homer werden schon Brotkörbe erwähnt[119]. – Das Mehl dagegen wurde in Schläuchen aufbewahrt[120]. – Die Aussendungsberichte kennen den Brotsack (gr.: *pera*) und untersagen regelmäßig seinen Gebrauch (Mk 6,8 mit den Parallelen Mt 10,10; Lk 9,3; 10,4). In Lk 22,36 jedoch sagt Jesus: *Aber jetzt, wer einen Geldbeutel hat, der trage ihn, gleicherweise auch einen Brotsack.* Wahrscheinlich handelt es sich auch hier um einen symbolischen Imperativ, der das Kommen apokalyptischer Notzeiten im Bilde andeuten soll.

Brotformen

Über die Größe der Brote läßt sich dies sagen: Ein pompejanisches Brot wog etwa 1 kg, war 20 cm im Durchmesser, 3–4 cm

hoch in der Mitte und 6–6,5 cm hoch am äußeren Rand. Nur aus Pompeji sind antike Brotreste erhalten[121]. – Etwas anders sind die für Palästina angenommenen Maße: Das Brot ist ein Fladen von 20–50 cm im Durchmesser, seine Dicke ist 2 mm bis 1 cm, in der Mitte kann er ein Loch haben (hebr.: challa)[122].
Die der Mutter Jesu von Frauen geopferten Brote heißen ausdrücklich »Fladen« (gr.: *kollyris*)[123].
Es gab zwar auch viereckige Brote *(panes quadrati)*, doch in der Regel sind die Brote rund und niedrig, »durch Einschnitte, die sich im Zentrum trafen, so geteilt, daß man es leicht auseinanderbrechen konnte«[124]. Diese sog. Kreuzkerbung[125] ist üblich und teilt das Brot in bis zu acht Sektionen. – Allzu verständlich ist es angesichts dessen, daß die frühen Christen sich bei der Verwendung des Brotes im Abendmahl gerne an diese Kreuzkerbung anschlossen. So berichten die Thomasakten in Kapitel 50 vom Apostel Thomas: *Er schnitt ein Kreuz in das Brot ein, brach es und fing an, es auszuteilen*[126]. Das Technisch-Praktische wird damit Ansatzpunkt für die christliche Symbolik.
Üblich sind auch Brotstempel, die das Brot in den Augen der Juden und Christen aufgrund ihres religiösen Gepräges den heidnischen Göttern geweiht sein ließen. Erst allmählich werden sie durch christliche Brotstempel ersetzt.

Brotzuteilung

EvPhil 110: *Ein Hausherr hatte jeglichen Besitz erworben: Kinder, Sklaven, Vieh, Hunde, Schweine, Weizen, Gerste, Spreu, Gras (Rizinu)söl, Fleisch und Eicheln. (E)r war (aber) klug und kannte die Nahrung von jed(em). D(en) Kind(er)n legte er (f)erti(ges) Brot (und Fleisch) vo(r. D)en Sklaven aber legte er Rizi(nusöl und M)ehl (vor). Und dem Vieh (warf er G)erst(e), Spreu und Gra(s v)or. (Den H)unden warf er Knochen vor. (Und den Schweinen) w(a)rf er Eicheln vor und Brotkrumen (?). Ebenso verhält es sich mit dem Jünger Gottes. Wenn er klug ist und sich auf die Jüngerschaft versteht, werden ihn die*

körperlichen Erscheinungsformen nicht täuschen, sondern er wird auf die Beschaffenheit der Seele eines jeden blicken und (entsprechend) mit ihm reden. Es gibt viele Tiere in der Welt, die menschliche Gestalt tragen. Wenn er diese erkennt, wird er den Schweinen Eicheln zuwerfen, dem Vieh aber Gerste, Spreu und Gras und den Hunden Knochen. Den Sklaven wird er Vorläufiges, den Kindern aber Vollkommenes geben.
Der Text berichtet von einem nach damaligem Verständnis klugen Hausvater, der jedem das zuteilt, was ihm gebührt. Der Text ist damit ein unersetzliches Dokument für die antike Praxis, daß die Nahrung sich nach dem sozialen Stand richtete (»schichtenspezifische Ernährung«). Von einer Gleichheit in der Ernährung wenigstens aller menschlichen Glieder des Hauses kann keine Rede sein. – Die Sklaven erhalten zu ihrem Mehl auch Rizinusöl, damit sie das schlechte Brot überhaupt wieder loswerden können. Es ist nicht nur Ersatz des hochwertigeren Olivenöls. Gerade in der neueren Diskussion wird lebhaft darüber gestritten, ob Rizinus bei der antiken Brotherstellung eine Rolle spielte. Während einige direkt von »Broten aus Rizinus« sprechen, bestreiten andere überhaupt eine Rolle von Rizinus beim Backen. Den Anlaß zu diesem Streit gibt, daß das ägyptische Wort für Rizinus (ägypt.: *kiki*) Ähnlichkeit besitzt mit dem Namen einer ägyptischen Brotsorte (griech. Wiedergabe eines ägypt. Wortes: *kakeis;* in ägypt. Urkunden: *kckc*)[127]. Unser Text spielt leider in der Diskussion keine Rolle. Obwohl die Handschrift das koptische *kiki* bietet (identisch mit dem alten ägyptischen Wort für Rizinus), muß man mit der Möglichkeit rechnen, daß in unserem Text eben nicht Rizinus gemeint ist, sondern eine ägyptische Brotsorte. Nach Auskünften der Kollegen von der Biologischen Pharmakologie ist Rizinus wegen seines durchdringend üblen Geschmacks zur Brotherstellung völlig ungeeignet, ebenso aber auch als kontinuierliches Nahrungsmittel. Daher muß wohl – ganz im Sinne des zitierten Artikels von E. Lanciers (1990) auch mit der Möglichkeit gerechnet werden, daß nach EvPhil 119 die Sklaven nicht Rizinus, sondern ein ägyptisches Brot erhielten.

Interessant ist auch, daß Gerste nach unserem Text aus dem EvPhil dem Vieh vorgeworfen wird. – Nur die Kinder des Hausherrn erhalten Weizenbrot und Fleisch, was gleichzeitig voraussetzt, daß die Sklaven davon nichts zu sehen bekommen. Im Unterschied zu den Sklaven, die nur Mehl bekommen und sich das Brot daraus selber backen müssen, erhalten die Kinder, wie es ausdrücklich heißt, »fertiges Brot«. – Brotkrumen erhalten die Schweine – im Neuen Testament die Hunde (s. u.), denn in jüdischem Milieu werden Schweine nicht gehalten.

In einem Haushalt mit mehreren Sklaven gab es einen für die Getreidezuteilung verantwortlichen Ökonom, der das Vertrauen sowohl des Hausherrn wie der von ihm abhängigen Sklaven besitzen mußte. In Lk 12,42 wird ein solcher Sklave ausdrücklich erwähnt. *Und es sprach der Herr: Wer also ist der treue Verwalter, der verständige, den der Herr über seine Dienerschaft aufstellen wird, (ihnen) zu geben die Kornration zu seiner Zeit?* Nach Lk 12,45 ist dazu nicht in der Lage, wer üppig lebt und die Mitsklaven und -sklavinnen schlägt. – Die Kornration heißt in Lk 12,42 griechisch *sitometrion*. Dieses Wort und verwandte Bildungen sind fast nur in ägyptischen Papyri belegt, und diese geben uns anhand dieses Stichwortes lebendigen Einblick in die größeren Haushalte des Altertums. Die Kornverteiler waren auf jeden Fall auch ein Teil des Stabes der großen Lagerhäuser[128]. Wenn dieser Kornverteiler seine Aufgabe gut wahrnahm, konnte Lk 15,17 gelten, wo der »verlorene Sohn« über das Haus seines Vaters sagt: *Wieviel Lohnarbeiter meines Vaters haben Überfluß an Broten, ich aber gehe an der Hungersnot hier zugrunde.*

Oft gibt es Sackträger im Dienste der Kornverteilung, die in den Papyri genannt werden. Der in Lk 12,42 gebrauchte Ausdruck begegnet nur selten[129].

Wenn in Lk 12,44 über den getreuen Kornverteiler gesagt wird, der Herr werde ihn über all seinen Besitz aufstellen, so hat das zumindest eine direkte Entsprechung in der Organisation des ägyptischen Staates zur Zeit des Patriarchen Joseph nach der

Auffassung des Judentums des 1. Jh. n. Chr.: Denn er war zum König eingesetzt und Getreidegeber: Nach der jüdisch-hell. Schrift Joseph und Aseneth (1. Jh. n. Chr.) hatte Joseph in Ägypten für das ganze Land eine Stellung wie der Sklave nach Lk 12,44 inne, denn es heißt dort über ihn: *Und der König Pharao setzte ihn als König ein über das ganze Land, und er gibt Getreide dem ganzen Land und errettet es aus der herankommenden Hungersnot*[130]. Bezugspunkt ist die griech. Übersetzung des Alten Testaments (LXX Gen 47,12). Der hebräische Text hat hier: *versorgte mit Nahrung*, im Griechischen wird übersetzt: *verteilte das Korn*.
Die Zuteilung an Sklaven ist uns für das Rom des 1. Jh. v. Chr. genau überliefert. Denn Cato schreibt: *Den Fußgefesselten im Winter: 4 Pfund (= 1,3 kg) Brot, sobald sie anfangen, die Weinländerei umzugraben 5 Pfund (= 1,63 kg Brot), dauernd, bis sie anfangen, Feigen zu essen. Dann kehre zu vier Pfund zurück*[131]. »Diese Sklaven erhielten also, neben 260,9 l Wein im Jahr pro Tag im Winter 1,304 kg, im Frühjahr 1,63 kg und nach der Feigenernte 1,304 kg Brot. Dazu verabreichte man ihnen meist nur saure Fischsuppe und Oliven[132].« Feigen galten als willkommene Zukost zum Brot und förderten die Verdauung. Auch das Adambuch des Morgenlandes (äth), das wir oben kennenlernten, betrachtet (S. 57) Feigen als eine Art Brotersatz. Wenn Juvenal sagt: *Leckt ein Sklave Gebäck, so schlägt man ihn mit der Faust ins Auge* (Satiren 3,11,4), dann setzt das voraus, daß der Hunger danach groß war.

Brotpreise

Das dritte Siegel der Apokalypse, das geöffnet wird, ist ein Reiter auf schwarzem Pferd *mit einem Waagebalken in seiner Hand. Und ich hörte etwas wie eine Stimme inmitten der vier Lebewesen, die sagte: Ein Maß Weizen um einen Denar und drei Maß Gerste um einen Denar, und das Öl und den Wein schädigt nicht!* (Apk 6,5f).

Mit »Maß« wird hier das griechische Wort *choinix* übersetzt. Und es gilt, wie oben dargestellt: vier *choinikes* sind 1 römischer *modius*.
An dieser Stelle sind die Brotpreise des 1. Jh. n. Chr. in das Neue Testament eingegangen. Im Jahre 1924 fand man eine zeitgenössische Inschrift, die derartige Zustände der Teuerung für das Kleinasien des ausgehenden 1. Jahrh. bestätigt. Es ist die Inschrift des Lucius Antistius Rusticus[133]. Er war um 92/93 n. Chr. Legat des Kaisers Domitian in Antiochien in Pisidien. Diese Inschrift ist ein Edikt, in dem folgendes angeordnet wird: 1. Alle Getreidevorräte müssen angegeben werden. 2. Alle Getreidevorräte müssen durch Getreidehändler angekauft werden (zu Anfang August). 3. Ein *modius* (also vier *choinikes*) kostet einen Denar. – Es wird auch eine Begründung für die damals herrschende Hungersnot angegeben: *...wegen der Härte des Winters*[134].
Der unter 3. genannte entscheidende Abschnitt heißt wörtlich: *Ich verbiete, daß der Kornpreis die Summe von einem Denar für ein Maß überschreitet*[135]. Die Inschrift erwähnt auch, daß zuvor einmal die Preise niedriger waren, und zwar zahlte man 8 bis 9 Asse für ein Maß Getreide. 1 Denar hat aber 16 Asse[136], also kostete in der Zeit zuvor das Getreide nur halb so viel wie das, was in dem Edikt jetzt als Höchstgrenze festgesetzt wird. In kurzer Zeit hatte sich demnach der Getreidepreis verdoppelt. Diese Inschrift ermöglicht es nun, die Angaben der Apokalypse in Beziehung zu setzen zu zeitgenössischen Getreidepreisen.
Apk 6:
1 *choinix* (= 1/4 *modius*) Weizen = 1 Denar
1 *modius* Weizen = 4 Denare
3 *choinikes* Gerste = 1 Denar
1 *modius* Gerste = 1,3 Denare
Cicero, Gegen Verres III 81
12 *modii* Weizen = 1 Denar
1 *modius* Weizen = 1/12 Denar
12 *modii* Gerste = 1/2 Denar
1 *modius* Gerste = 1/24 Denar

Inschrift des L. Antistius Rusticus[137]
1 *modius* Weizen = 1 Denar
Zustand vor der Hungersnot 92/93, also etwa im Jahre 90[138]:
1 *modius* Weizen = 1/2 Denar (8–9 Asse)
Daraus ist ersichtlich, wenn man die Preise für 1 *modius* (= 8,75 Liter) Weizen vergleicht: In Apk 6 sind die Preise viermal so hoch wie in dem Edikt von 92/93 festgesetzt, achtmal so hoch wie vor dieser Zeit.
Gegenüber Ciceros Angaben wäre der Weizen in Apk 6 gar 48 x so teuer geworden. Nun sind freilich die Angaben Ciceros auch für seine Zeit schon öfter in ihrem Wirklichkeitsgehalt angezweifelt worden[139].
Um die Preise angemessen zu werten, muß man davon ausgehen, daß ein Denar der normale Mindestlohn eines Arbeiters ist, mit dem er täglich auskommen konnte. Bestätigt wird das übrigens aus dem Neuen Testament, wo es im Gleichnis von den Arbeitern im Weinberg heißt: *Er kam aber mit den Arbeitern überein auf einen Denar für den Tag und schickte sie in den Weinberg* (Mt 20,2), und dann heißt es am Ende bei der Lohnauszahlung: *Und es kamen die um die elfte Stunde, und sie empfingen je einen Denar* (Mt 20,9). Das heißt: Auch den Arbeitern, die erst um die elfte Stunde zu arbeiten begonnen haben, zahlt der Herr das, wovon sie an diesem Tag leben können. Andererseits wird der Grundsatz »ein Denar pro Tag« bestätigt durch eine Inschrift, die ausdrücklich »Brot« bzw. »Nahrung« nennt: *Für die Arbeiter Brot: einen Denar*[140]. – Wenn daher in dem zitierten Edikt ein Maß Getreide genau einen Denar kostet und andererseits ein Maß Getreide die tägliche Speiseration ist, dann geht der gesamte Lohn zur Erstellung der Brotnahrung drauf. Doch für eine Person ist ein Maß Getreide wohl zuviel am Tag[141]. Denn: Wenn 1 Maß Korn 8,75 Liter umfaßt, kann man davon ausgehen, daß dieses rund 4 kg Mehl ergab. Für drei Laibe Brot verbrauchte man 3 kg Brot. Also verschlangen die Brotkosten wohl höchstens drei Viertel des Tageslohnes von einem Denar. Allerdings ist der relativ geringe Nährwert gewöhnlicher Gersten-Maza zu beachten. Das gilt, wie gesagt, für die Teuerung

von 92/93 n. Chr. und ihrer Regelung durch das Edikt. Wenn man dem Edikt folgte, verbrauchte man »nur« Dreiviertel des Tageslohnes für Brot.
Andererseits gibt es Berechnungen für das römische Palästina, wonach ein Laib Brot 1/24 eines Denars kostete. Wenn man von drei Laiben Brot als Tagesration ausgeht, macht das erst ein Achtel der täglichen Entlohnung[142]. Das halte ich für im Durchschnitt zu optimistisch gerechnet. – Um mit heutigen Preisen zu vergleichen, sind Notizen wichtig, wonach ein Laib Brot dasselbe kostete wie 12 Eier[143].
Aus Ägypten weiß man freilich, daß alle grundsätzlichen Berechnungen fragwürdig sind, da der Getreidepreis ständig außerordentlich hohen Schwankungen unterlag[144], und zwar innerhalb von wenigen Wochen auch nach der Erntezeit (innerhalb von 3 Wochen Schwankungen um 93%)[145]. Die allgemeine Variation der Preise lag bei 30%. In der Zeit von Hungersnöten, wie etwa 99 n. Chr., wurde der offizielle Preis verdoppelt[146].
Dabei verstehen sich regionale Unterschiede von selbst: In Unterägypten und in großen Städten waren die Getreidepreise regelmäßig viel höher als in Oberägypten und auf dem Land. Hinzu trat der Unterschied zwischen dem offiziellen Preis, der um 30% niedriger liegen konnte als der auf dem freien Markt wirklich verlangte.
Für die vorchristliche Zeit im östlichen Mittelmeerraum bemerkt H. Bolkestein: »Die große Masse der Bevölkerung ernährte sich hauptsächlich von Mehlkost (entweder in Form eines aus Gerstenmehl mit Wasser gekochten Breis oder mit aus Weizenmehl gebackenem Brot); von ihrem Montslohn von 30 Drachmen gaben die drei Steinmetzen in Delos 19 Drachmen und 4 Obolen, also zwei Drittel, für Gerstenmehl aus, es ist also verständlich, daß *sitos,* das allgemeine Wort für Getreide, auch z.B. Sold bedeutete, der übrigens in Geld ausbezahlt wurde, und in der Juristensprache die Kosten des Unterhalts... bezeichnete, zu deren Tragung ein anderer verpflichtet war[147].«
Preissteigerungen um das Vierfache, wie sie in Apk 6 vorausgesetzt sind, haben ihre Hauptursache darin, daß Brot einseitig

und unersetzlich Hauptnahrungsmittel ist. Jede Verknappung konnte daher eine Katastrophe werden, da sie durch nichts aufgefangen werden konnte. Ursachen für Verknappung des Korns waren etwa das Nilhochwasser von 45 n. Chr. – Ägypten war die Kornkammer des römischen Reiches[148] – oder der harte Winter im oben genannten Fall. Auch Kriegsvorbereitungen führten zu Verknappungen[149].
Zu erwähnen ist auch, daß der Denar bis zu Beginn des 4. Jahrh. stark inflationär ist. Zur Zeit Diokletians (301) sind bereits 25 Denare der Mindestlohn am Tag. – So kann man eine konstante Verteuerung des Getreides im 1. und 2. Jahrh. n. Chr. feststellen, während die Preissteigerungen (Inflation) im 3. Jahrh. rapide sind[150].

V Das Brot in der täglichen Mahlzeit

Die Vaterunserbitte

Die genaue Übersetzung

Mt 6,11 lautet nach dem hier zu begründenden Übersetzungsvorschlag: *Unser Brot für morgen gib uns heute;* die Parallele in Lk 11,3 lautet: *Unser Brot für morgen gib uns Tag für Tag.*
Umstritten ist die Übersetzung des griechischen Wortes *epiousion,* das wir hier mit *für morgen* übersetzt haben. Die Vulgata (lat. Übersetzung) und M. Luther haben sich mit *täglich* eher an die Lukasfassung gehalten und haben so die Schwierigkeiten des fraglichen griechischen Wortes geschickt umgangen.
Das Wort ist aber kaum belegt und muß daher von bekannteren griechischen Wörtern her erklärt werden, die ähnlich sind. Dabei ergibt sich eine Reihe von oft erörterten Möglichkeiten[151]. Mir erscheint allein folgende Übersetzung plausibel:
Die Vaterunserbitte ist zu übersetzen: *Unser Brot für morgen gib uns heute.* Diese Übersetzung wird schon für das Nazaräerevangelium, also ein wohl hebräisches Evangelium für Judenchristen, durch Hieronymus bezeugt: *In dem sogenannten Evangelium nach den Hebräern habe ich anstelle von ›zum Dasein notwendig‹ gefunden ›mahar‹, das heißt morgig, so daß der Sinn ist: ›Unser morgiges‹ – das heißt zukünftiges – ›Brot gib uns heute‹*[152]. Diese Übersetzung legt sich nicht nur aus sprachlichen Gründen nahe, sondern, wie wir gesehen haben, auch aus sachlichen:
Wegen der zeitraubenden Vorgänge des Mahlens und insbesondere des Säuerns (sowie auch des Backens im Ofen) ist es unabdingbar, daß die Grundsubstanz, nämlich das Korn, aus

dem das Brot am nächsten Morgen gebacken werden kann, bereits jeweils am Vortag vorhanden ist. Das gilt auch dann, wenn das Säuern nicht einen ganzen Tag dauert. – Wenn das Mahlen nachts beginnt und der neue Tag (nach hebräischer Zeitanschauung) sowieso schon am Abend begonnen hat, muß das zu mahlende Korn in jedem Falle bis zum Sonnenuntergang da sein. Denn bereits die erste Mahlzeit besteht ja vollständig aus Brot als der elementaren Grundlage.

Im Vaterunser wird Gott daher gebeten, heute das Korn zu geben, aus dem das Brot für morgen werden kann. Er ist daher hier nicht nur der Schöpfer, sondern insbesondere der Kornverteiler, den wir oben aus hellenistischen Papyri kennengelernt haben. Anders als nach der im Deutschen üblichen Übersetzung ist Gott nicht derjenige, der sozusagen direkt vom Himmel her das tägliche Brot schenkt. Vielmehr ist Gottes direkte Aktivität »begrenzter«: Für Mahlen, Säuern und Backen sind dann die Menschen von heute auf morgen zuständig.

Daß man für den morgigen Tag heute sorgen müßte, aber diese Sorge Gott überlassen soll, ist auch aus Jesus-Agrapha (nicht im Neuen Testament überlieferten Jesus-Worten) bekannt:

– Jesus-Agraphon: *Jesus sagt: Seid nicht besorgt um die Dinge, die für den morgigen Tag zum Lebensunterhalt notwendig sind. Denn wenn der morgige Tag innerhalb der Grenzen eures Lebens besteht, dann kommen eure Nahrungsmittel gemeinsam mit den Grenzen eures Lebens ohne Zweifel.*

– Jesus-Agraphon: *Jesus sagt: Bewahrt keine Speise auf den morgigen Tag, denn der morgige Tag wird kommen und mit ihm die Speise, die euch zum Leben notwendig ist.*[153]

Beide Texte sprechen vom Notwendigen und vom morgigen Tag, sie enthalten damit Elemente, die auch bei der Deutung der Vaterunserbitte eine Rolle spielten. Wie im Vaterunser gilt jedenfalls: Was man morgen essen will, muß aus menschlicher Perspektive und müßte, wenn nur Menschen aktiv werden, heute irgendwie beschafft werden (nicht am Tag des Verzehrs selbst). Im Vaterunser ist Gott derjenige, der in diesem Sinne heute handeln soll. In den beiden Jesus-Agrapha soll man heute nicht sorgen oder aufbewahren. Anders als im Vaterunser wird Gott dann morgen geben.

Das zubemessene Brot

Auch vom Alten Testament her gibt es eine Tradition, die Gott als den Kornverteiler des Brotes sieht. Zu denken ist an Prov 30,8 und die davon ausgehenden Auslegungen: *Reichtum und Armut sollst du mir nicht geben. Schenk nur an Brot, soviel mir not!* Was hier mit *soviel mir not* übersetzt wurde, heißt genauer übersetzt: *Brot meines Anteils, zugewiesene Nahrung.* Einen Anteil aber weist eben der Herr des Getreides denen zu, die von seiner Zuteilung abhängig sind. Dieser Gedanke der von Gott zugewiesenen Nahrung spielt dann in einer Reihe späterer Texte eine große Rolle:
– In Act Joh 93 (Berichte über den Apostel Johannes, Ende 2. Jh. n. Chr.) berichtet Johannes über seinen Umgang mit Jesus vor Ostern: *Wenn er aber einmal von einem der Pharisäer eingeladen war und der Einladung nachkam, gingen wir mit ihm. Und jeder von uns erhielt von denen, die (uns) eingeladen hatten, ein (ihm) zugemessenes Brot, wobei auch er eines erhielt. Das seinige aber segnete er und verteilte es unter uns...*[154]. Hier ist es der Gastgeber und Hausvater, der jedem seinen Anteil gibt. Das Anteil-Geben wiederholt sich damit auf den verschiedenen Produktionsstufen des Brotes.
Der »zukommende Anteil« ist im übrigen ein wichtiges Element des griechischen Gastmahls, und zwar im Sinne der zugeteilten Portion (gr.: *meris*)[155].
– In der Weisheitsschrift aus der Geniza von Alt-Kairo (WKG) heißt es: *Wenig beschäftige dich mit der zugewiesenen Nahrung, denn es gibt keine Schuld aus dem zugewiesenen Brot*[156]. Das bedeutet: Wer sich nur mit dem beschäftigt, was Gott ihm zugewiesen hat, lädt keine Schuld auf sich – im Unterschied zu dem, der übermäßig darüber hinaus strebt. Denn von dem heißt es in WKG 1,5: *Es ist nicht wert, sich mit dem zu beschäftigen, was nicht Gewinn ist, denn wer sich damit abmüht, wird Schuld*

auf sich laden. Wer sich nur wenig beschäftigt, lädt keine Schuld auf sich. Das Übermaß des Besorgtseins würde ablenken von der Beschäftigung mit Gottes Gesetz.

Zusammenhang mit Freiheit von der Sorge

In Prov 30,8 wie im Vaterunser wird Gott in der Rolle des antiken Kornverteilers (gr.: *sitometres*) gesehen. Er teilt jedem zu, wessen er bedarf. Wenn man ihn bittet, heute zu geben, was man morgen essen soll, dann hat man wirklich die Sorge des heutigen Tages auf ihn gelegt. Es besteht daher ein enger Zusammenhang zwischen der Brotbitte des Vaterunsers und den Worten über die Freiheit von der Sorge (Mt 6,25–34). Heute nimmt Gott die Sorge ab, weil er für das garantieren will, was morgen gegessen wird. Das Entscheidende ist, die Sorge auf ihn zu werfen.
Im Gleichnis Mt 7,9 steht die Bitte um Brot für jede Bitte an Gott überhaupt: *Oder wer von euch ist ein Mensch, den sein Sohn bitten wird um Brot – wird er ihm etwa einen Stein geben?* Die Beziehung Brot/Steine begegnet auch sonst öfter.

Hintergrund in der Psalmenfrömmigkeit

Einen Zusammenhang der Brotbitte des Vaterunsers mit alttestamentlicher Psalmenfrömmigkeit hat man neuerdings erkannt[157]. Danach gibt es einen engen Zusammenhang zwischen Ps 104 und dessen Wiederaufnahmen in den Psalmen 145–147 mit dem Vaterunser; eine Station auf dem Wege sei auch in Psalmen Salomonis 5 gegeben (frühjüdische Psalmensammlung, in der griechischen Übersetzung des Alten Testaments erhalten). In Psalm 104,14f wird Gott gelobt:
Der Gras sprossen läßt für das Vieh
und Saatgrün für die Feldarbeit des Menschen,
um Brot aus der Erde hervorgehen zu lassen,
und Wein erfreue des Menschen Herz,
um das Antlitz leuchten zu lassen von Öl,
und Brot stärke des Menschen Herz.

In den späteren Psalmen 145–147 nun wird dieses Element, daß Gott den Menschen Brot bzw. Nahrung gibt, besonders wiederaufgenommen und auch in Verbindung gesetzt mit Gottes Namen und Königtum. Gerade diese Verbindung begegnet auch im Vaterunser, denn die Brotbitte folgt auf die Bitte um die Heiligung des Namens und das Kommen des Königreiches Gottes. So etwa in Psalm 145:

145,1 *Ich will dich rühmen, mein Gott und König, und deinen Namen preisen immer und ewig.*
145,2 *Jeden Tag will ich dich preisen und deinen Namen loben immer und ewig.*
145,11 *Von der Herrlichkeit deines Königtums sollen sie sprechen und reden von deiner Macht,*
145,12 *um den Menschen deine Macht kundzutun und den herrlichen Glanz deines Königtums.*
145,13 *Dein Reich ist ein Reich für alle Zeiten, deine Herrschaft dauert durch alle Geschlechter.*
145,16 *Du tust dein Hand auf und sättigst das Verlangen aller Lebenden.*
145,21 *Das Lob des Herrn verkünde mein Mund! Jedermann preise seinen heiligen Namen!*

Die Verbindung von Namen Gottes, Königtum bzw. Reich Gottes und Nahrunggabe für alles Lebendige ist in den hier zitierten Versen gegeben.

Ähnlich in Psalm 146,7 (...*den Hungernden gibt er Brot*) und 146,10 (...*der Herr ist König für ewig*). In den Psalmen Salomos 5 heißt es:

5,1 *Herr Gott, ich will deinen Namen preisen unter Jubel.*
5,8 *Denn wenn ich hungere, werde ich zu dir rufen, o Gott, und du wirst mir geben.*
5,9 *Vögel und Fische nährst du, wenn du Wasser in der Öde gibst, damit Gras wachsen kann,*
5,10 *(geschieht es), (um) Futter (zu bereiten) in der Wüste für alles Lebende; und wenn sie hungern, erheben sie ihr Angesicht zu dir.*
5,18 *Die den Herrn fürchten, (freuen) sich der Güter, und deine Güte (ist) über Israel in deinem Königreich.*

5,19 *Gepriesen (sei) die Herrlichkeit des Herrn, denn er ist unser König.*
Auch hier findet sich die genannte Verbindung von *Name Gottes, Nahrung für alles Lebende* und *Reich Gottes.* Es ist verständlich, daß auch aus dieser Gebetstradition das Vaterunser erwachsen ist. Doch sind auch die Unterschiede nicht gering, und an ihnen wird gerade die besondere Zielsetzung des Vaterunsers offenkundig: Im Vaterunser liegt ein Bittgebet vor, kein Lobpreis. In keinem der ähnlichen Psalmen wird Gott »Vater« genannt. Nun besteht aber ein besonderer Zusammenhang zwischen der Vater-Anrede und der Fürsorge Gottes im Judentum wie auch im Neuen Testament: als der für alle Kreatur Sorgende wird Gott Vater genannt. Dem entspricht andererseits auch, daß insbesondere in der Literatur der Targumim (aramäische Bibelübersetzungen seit ca. 2. Jh. v. Chr.) die Vater-Anrede als Gebetseinleitung üblich ist[158]. Man kann das Vaterunser daher auch gerade als Entfaltung der Vater-Anrede verstehen; es ist in der Tat nicht richtig, dieses Gebet ausschließlich von der Reichsbitte her zu verstehen. Im Rahmen der umfassenden Fürsorge des Vaters steht die Brotbitte durchaus im Zentrum des Gebetes, ist aber auch nicht gegen das »Reich« auszuspielen. Denn die Durchsetzung seines Reiches äußert sich gerade auch darin, daß Gott Brot für morgen gibt. Das Reich ist keineswegs irgendwie geistig aufzufassen. Aber es ist auch – im Unterschied zu den Psalmen – noch nicht überall gleichmäßig »durchgesetzt«; für jetzt besteht es gesichert nur im Himmel. So ist die Herrschaft Gottes im Vaterunser in gewissem Sinne »brüchiger«, angefochtener als in den Psalmen, wo sie fraglos besteht. Nach dem Vaterunser muß Gott erst noch überall durchdringen. Die auf die Brotbitte folgende Bitte um Vergebung bedeutet gleichfalls nicht etwa einen besonderen Zusammenhang von Reich Gottes und Zusage der Sündenvergebung (so als sei das Reich Gottes das bestimmende Thema), sondern: Sündenvergebung seitens Gottes ist die Voraussetzung für den Erfolg allen Betens überhaupt (vgl. Mk 11,25 usw.), also auch dieses Gebets. Wenn Gott die Sünden vergibt, schafft er die Bedingung für den

Kontakt zwischen Gott und Mensch grundsätzlich. In dieser Tiefendimension sorgt daher dieser Vater für die Gemeinschaftsfähigkeit seiner Kinder mit ihm.

Brotbitte und Epiklese

Unter »Epiklese« versteht man die Anrufung des »Logos« (des Sohnes Gottes) oder des Heiligen Geistes in der Abendmahlsliturgie, er möge jetzt »kommen« auf die Gaben von Brot und Wein und auf die versammelte Gemeinde. Diese Gebete beginnen immer mit »Es komme...« (der Logos, bzw. der Heilige Geist). Anhand der handschriftlichen Überlieferung des lukanischen Vaterunsers (Lk 11,2–4) kann man nun zeigen, daß ein ähnlicher Zusammenhang zwischen Brot bzw. der Brotbitte und der Bitte um das Kommen schon im Vaterunser bestanden hat – und zwar in einer Form, die einen unmittelbaren und sehr altertümlichen Hinweis gibt auf die Praxis der Epiklese in den christlichen Liturgien. In der Lukasfassung des Vaterunsers heißt nämlich die zweite Bitte nach alten und interessanten Textzeugen nicht: *Dein Reich komme,* sondern: *Es komme dein heiliger Geist auf uns und reinige uns.* Dann aber ergibt sich diese Verbindung:
Es komme dein heiliger Geist auf uns und reinige uns. Unser Brot für morgen gib uns täglich.
So jedenfalls lasen das Vaterunser Markion (2. Jh. n. Chr.), die Kirchenväter Gregor von Nyssa (4. Jh.) und Maximus Confessor (7. Jh.) sowie viele andere[159].
Eben dieses aber – die Bitte um das Kommen des Geistes und das Brot – sind zentrale Themen der Abendmahlsliturgie. Das bedeutet: Entweder wurde der Brauch der Epiklese überhaupt durch die Fassung des lukanischen Vaterunsers begründet – oder dieses spiegelt eine solche Entwicklung der Liturgie bereits wider. Auf jeden Fall aber zeigt diese alte Fassung des Vaterunsers nach Lukas, daß man sehr früh die Brotbitte im Sinne des Abendmahls aufgefaßt hat. Das war nun sicher ursprünglich nicht der Fall. Aber andererseits darf man den Graben zwischen

dem »Brot für morgen« und dem Abendmahl auch nicht zu groß ansetzen. Denn auch Jesus als »das Brot« ist nicht nur rein geistig aufzufassen. Immer geht es um Leben im umfassenden Sinn.

Beikost zum Brot

Wo man sich ein vollständiges Mahl leisten konnte, da bestand dies aus drei Dingen, die man nacheinander reichte: Brot, Beikost (gr.: *opson, opsonion*) und Dessert (lat.: *deliciae*). Die Beikost wird uns hier besonders interessieren.
Aber auch das Brot selbst aß man nicht trocken. So unterscheiden wir im folgenden zwischen Zutaten zum Brot und Beikost im strengen Sinn des Wortes:

Zutaten zum Brot

Brot ohne jede Zutat

Nach einer apokryphen Jesus-Überlieferung hat Jesus noch kurz vor seinem Tod im Gefängnis seinen Jüngern »nacktes Brot« (d. h. Brot ohne irgendeine Beigabe) gebrochen. Der Text lautet: *Eine Überlieferung aber lief um von Leuten, die bis in unsere Zeit sagten, (daß): Um die neunte Stunde gingen die Jünger heimlich zu ihm hinein, und er brach bloßes Brot und kostete es mit ihnen zusammen im Gefängnis. Er blieb aber dort die ganze Nacht, und frühmorgens führt er ihn heraus...*[160]. Interesse an der Überlieferung dieses Berichtes hatten wohl sehr stark asketisch ausgerichtete Gruppen, die ein mit Wein gefeiertes letztes Mahl Jesu nicht gerne sahen und die deshalb ein allerletztes, nach der Verhaftung im Gefängnis gefeiertes Mahl Jesu mit den Jüngern erzählten. Wichtig ist auch, daß Jesus hier mit den Jüngern zusammen ißt, ihnen nicht nur etwas austeilt. Liegt insgesamt ein Dokument einer abweichenden Abendmahlspraxis vor? Die Szene ist überdies nach Analogie der letzten Begegnung des Sokrates mit seinen Schülern geschildert.

Brot und Wasser

Daß Christen Brot und Wasser zusammen genossen hätten, wird von Texten berichtet, die nun nachweislich asketisch mit einer Tendenz zum dualistischen Gnostizismus (d.h. Annahme einer strengen Scheidung zwischen Gott und Materie in Verbindung mit entsprechenden Vermutungen über die Entstehung der Schöpfung als »Abfall« von Gott) gewesen sind.

So kennen die Paulusakten ein Abendmahl nur aus Brot und Wasser; von Paulus heißt es: *Er brach das Brot, nahm Wasser hinzu und tränkte sie mit dem Wort*[161]; bestätigt wird diese angeblich paulinische Praxis durch die Petrusakten, die von Paulus berichten, er habe »zum Opfer« nur »Brot und Wasser« genommen[162].

Bei den Pythagoräern gab es eine Art Edel-Diät, denn ihre Nahrung bestand darin: *...pro Tag ein weißes Brot, für jeden eins, dazu ein Glas von frischem Wasser. Das genügt*[163].

Brot und Salz

Sofern das Brot kein Salz enthielt, d.h. nicht selbst schon gesalzen war (s.o.), wurde Salz zum Brot gereicht.

Salz wurde unter anderem auch dazu als nützlich erachtet, um den Mundgeruch zu vermeiden: *Nach jedem Essen iß Salz, nach jedem Trinken trinke Wasser, so wirst du nie zu Schaden kommen... wer irgendeine Speise gegessen und kein Salz gegessen hat, wer irgendein Getränk getrunken und kein Wasser getrunken hat, der sei am Tage wegen üblen Mundgeruchs und bei Nacht wegen der Bräune besorgt*[164]. Vielleicht handelt es sich um die Bräune der Zähne, die sich nachts festsetzt.

Das Mahl durfte nicht eher begonnen werden, als bis Salz aufgetragen war; so wurde darüber diskutiert, unter welchen Bedingungen der Tischsegen wiederholt werden mußte, wenn das Salz erst nachträglich geordert wurde[165].

Für den Armen bestand das Mahl dann ausschließlich aus Brot, Salz (und Wasser). So heißt es in der jüdischen Überlieferung: *Von wann an liest man das Schma am Abend? – Von der Stunde*

an, da der Arme eintritt, sein Brot mit Salz zu essen, bis zu der Stunde, da er aufsteht, sich von der Mahlzeit zu entfernen[166]. Das Schma ist der Abschnitt Dtn 6,4–9; 11,13–21; Num 15,37–41, der täglich zweimal zu beten ist. Der Arme wird aufgrund von Hunger seine Mahlzeit frühzeitig einnehmen.
Jüdische und christliche Asketen schließen sich der Praxis der Armen an: Von den jüdischen Therapeuten (einer ordensähnlichen philosophisch-religiösen jüdischen Gemeinschaft, 1. Jh. n. Chr.) berichtet Philo von Alexandrien, ihre Nahrung habe bestanden aus Wasser, Brot und Salz[167]. Nach den christlichen Thomasakten § 20 ißt derjenige, der fastet und betet, nur Brot mit Salz[168]. Hier wie auch sonst gestalten engagierte Christen ihr Leben auf dem Niveau der Armen und in offener Solidarität mit ihnen. In denselben Thomasakten heißt es von Thomas in § 104: *Er ißt Brot und Salz, sein Trank ist Wasser, er betet viel*[169]. Besonders interessant ist, daß an der zuletzt genannten Stelle die Angabe über das Essen direkt auf das zentrale Glaubensbekenntnis folgt: Der Apostel ist gekennzeichnet durch das, was er lehrt, und dann durch das, was er ißt und trinkt. Am Essen erkennt man den Heiligen – das galt auch schon für Johannes d. Täufer nach Mk 1,6 *(... und er aß Heuschrecken und wilden Honig).*
Das eucharistische Brot wird nach vielen alten Berichten (nur) mit Salz genossen, so nach Clementinische Homilien (judenchristl. Schrift, 4. Jahrh.) 14,1 über Petrus: *Er brach das Brot zur Danksagung und tat Salz hinzu*[170]. Nach Clem Contest (Einführung zu den Homilien) 4,3 bedeutet *an Brot und Salz teilhaben* Tischgemeinschaft mit den Christen[171].
Nach dem Traktat Berakhot des babylonischen Talmud darf der, der als Hausvater das Brot anbricht, dieses nicht eher tun, als bis man für jeden einzelnen Tischgenossen Salz oder Zukost gebracht hat[172].
Ein eindrucksvoller Text aus der jüdischen Mystik dokumentiert uns die Beschränkung der Nahrung auf Brot (Wasser) und Salz als Akt radikalen Nahrungsverzichts zur Vorbereitung auf eine Begegnung mit der himmlischen Welt:

Ein Mensch, der sich selbst verpflichtet, sich dieses Fürsten der Tora (oder: dieses Geheimnisses der Tora) zu bedienen, wasche seine Gewänder und Kleider und nehme ein streng (durchgeführtes) Tauchbad wegen des Verdachts eines unreinen Ergusses. Er gehe hinein und sitze zwölf Tage lang in einer Kammer oder einem Obergemach, gehe weder aus noch ein, esse nicht und trinke nicht, vielmehr: von Abend zu Abend, seit er sein Brot aß – Erklärung: das Brot, das er wirklich mit seinen Händen macht – soll er Brot machen, und es soll ihm genügen mit reinem Salz – (und er trinke nur Wasser), er koste keinerlei Art von Gemüse und Wasser (sei) sein Trank[173].

Brot und Öl?

Brot gilt, nur zusammen mit Öl und Salz genossen, als Nahrung in Zeiten von Trübsal und Armut: Öl, mit dem man lediglich einen Aschenkuchen nach dem Backen bestreicht (auf Kohlen gebacken, vgl. 1 Kön 19,6), ist nicht zinspflichtig – offenbar aus sozialen Gründen[174]. Diese »Bodenlochspeise« wird auch im babylonischen Talmud (b Berakh 38a) erwähnt. – Öl wird neben Salz als Zutat zum Brot (Gemüse als Beikost) auch in Acta Thomae 29 erwähnt (vgl. unten). – In vielen Texten werden Korn und Öl zusammen genannt als Inbegriff des Lebensnotwendigen; dabei ist aber fraglich, ob jeweils daran gedacht ist, daß beide zusammen genossen werden.

Brot wird eingetunkt

Wer das Brot selbst nicht trocken essen wollte oder konnte, tunkte es in eine nahrhafte Flüssigkeit bzw. in eine Schüssel ein. Hartgewordenes Brot kann so erweicht werden. Recht häufig ist Wein als diese Flüssigkeit belegt, und zwar bei Griechen wie bei Juden. Nach Athenaios wird in Rhodos als Aufmunterung ein in süßen Wein getauchtes Brot serviert, wenn alle satt sind und müde zu werden beginnen, so daß sie dann wieder Hunger bekommen[175]. Das ist indes nur eine Besonderheit. Allgemein hingegen bestand das griechische Frühstück direkt nach dem Aufstehen darin, daß ein Stück Brot in ungemischten Wein getaucht wurde[176].

Bei den Juden gilt: »Das gewöhnliche Brot wird in Wein getunkt«[177]. Der aramäische Ausdruck für »speisen« heißt daher »das Brot wickeln« (*karak rifta*), und zwar deshalb, weil man das Brot rollte und eintunkte oder die Speise in den »Brotfladen einwickelte« und aß[178], wie heute noch beim griechischen »Gyros in Fladen« üblich.
So wird dem Nasiräer, weil er überhaupt kein vergorenes Produkt des Weinstocks genießen darf, verboten, sein Stück Brot in Wein einzuweichen, wenn es mehr als eine olivengroße Menge ist[179]. Der Mischnatraktat über die kultische Reinigung der Hände mit Wasser setzt voraus, daß oftmals auch nur Wasser zum Eintauchen und Erweichen des Brotes genommen worden ist, denn es heißt dort: *Hat man darin (sc. in dem Wasser) sein Brot eingeweicht, so ist es untauglich (sc. zum Händewaschen). Schim'on der Temanite meint: Selbst wenn man nur die Absicht hatte, (Brot) einzuweichen, (ist das Wasser untauglich. Beabsichtigte man dagegen, einzuweichen) in diesem und gelangt (davon) in anderes (Wasser), so ist (das andere Wasser) tauglich*[180].
Wenn das Brot eingetaucht wurde, diente es jedenfalls als Eßwerkzeug zum Transport auch aller anderen Dinge, die man nicht mit Händen anfassen konnte oder wollte. – Im Alten Testament ist Ruth 2,14 ein wertvoller Beleg für diese Praxis, denn von Ruth und Boas heißt es: *Um die Essenszeit sprach Boas zu ihr: Komm her und iß von dem Brot und tauche deinen Bissen in den herben Wein (al.: Würztunke). – So ließ sie sich nieder an der Seite der Schnitter, und er setzte ihr Röstkorn vor. Sie aß, wurde satt und ließ noch übrig.* Das geröstete Korn wird daher in die würzige Flüssigkeit getaucht.
Aus dem Neuen Testament ist dieses vor allem aus der Abendmahlszene mit Judas (sog. Judaskommunion) her bekannt:
Mk 14,19f: *Sie begannen betrübt zu werden und ihm einer nach dem anderen zu sagen: Doch nicht ich? Er aber sagte zu ihnen: Einer der Zwölf, der mit mir in die Schüssel eintaucht.*
Joh 13,26: *Jesus antwortet: Jener ist es, dem ich den Bissen eintauchen werde und ihm geben werde. Er taucht nun den Bissen ein und gibt ihn dem Judas.*

Bei Mk ist der Vorgang anders als bei Joh: Bei Mk taucht Judas zugleich mit Jesus den Bissen in die Schüssel, bei Joh taucht Jesus den Bissen ein und gibt ihn Judas. – Das Gefäß, wohinein getaucht wird, heißt bei Mk (griech.) *tryblion*, das ist: Schüssel, Schale, Teller, Suppenteller. – Die Ankündigung Jesu bei Mk »setzt voraus, daß alle Mahlteilnehmer aus dem gleichen Behälter essen, in den sie mit einem Brotbrocken eintunken«[181].

Es ist nun keineswegs notwendig, aus der Tatsache dieses Eintauchens auf den Charakter eines Passahmahls zu schließen: Beim Passahmahl gibt es nur ein besonderes Eintunken: Grüne Bitterkräuter werden – ohne Brot – in eine Tunke aus Fruchtmus oder Salzwasser getaucht. Das Fruchtmus des Passahmahls, »das neben Essig und Salzwasser bei dem Eintunken des Brots Mt 26,23; Mk 14,20; Joh 13,26 in Frage kommt, war nach dem Arukh mit Essig angemacht. Nach Maimonides besteht es aus zerdrückten Datteln, Trockenfeigen oder Rosinen, die man mit Essig oder Gewürz mischt«[182].

Aber bei jedem üblichen Mahl wird Brot in die gemeinsame Schüssel getaucht. Die Frage ist nur, was in dieser Schüssel darin war. Merkwürdigerweise wird diese Frage in den Kommentaren weder gestellt noch beantwortet. Folgende Möglichkeiten bestehen aber:

a) Es handelt sich um Olivenöl, das das Brot durchtränkt, erweicht und schmackhafter macht (unserem Butteraufstrich vergleichbar) (ähnlich heute noch in Spanien geläufig).

b) In der Schüssel ist Wein.

c) Die Schüssel enthält eine würzige Kräutersoße oder besonders würzigen Wein. Auch Essig?

Eine regelrechte Suppe oder gar eine mit Fleischstücken darin ist daher wohl nicht anzunehmen. – Zum Aufweichen des Brotes werden auch Salzwasser, Fruchtsäfte und Milch genannt[183]. Der babylonische Talmud setzt ausdrücklich den Fall voraus, daß Brot vertrocknet ist und in einer Schüssel aufgeweicht werden muß[184]. Das galt besonders für den nicht seltenen Fall, daß das Brot etwas älter war, wenn man nicht täglich neues Brot herstellte. Wohlhabendere konnten auf Vorrat backen; Mt 6,11 setzt solche aber wohl nicht voraus!

Beikost

Die Beikost zum Brot heißt griechisch *opson* oder *opsonion*. Während Brot die Basisnahrung war, sind die Arten von Beikost stärker variabel. Die Differenzierungen der sozialen Schichtungen werden hier spürbarer. Folgende Arten von Beikost zum Brot sind im Neuen Testament und seinem Umfeld belegt:

Beerenfrüchte (Oliven, Trauben)

Oliven und Trauben bilden eine einfachere Beikost, wenn man sich mit trockenem Brot nicht zufrieden gab[185].

Feigen

In der Überlieferungsgeschichte der Erzählung von der Brotvermehrung Jesu spielt Feigenmus eine besonders wichtige Rolle. Denn man kann zeigen, wie aus dem »zerriebenen Jungkorn« der ersten Fassung zunächst Grütze und Feigenmus werden, dann »Stück Beikost« und schließlich Fische. Es geht jeweils um dasjenige Nahrungsmittel, das außer Brot noch vervielfältigt wird, also um die Beikost.

Die älteste Form der Speisungsgeschichte liegt vor in 2 Kön 4,42–44: *Einst kam ein Mann von Baal-Schalischa und brachte dem Gottesmann (Elisa) in seinem Brotbeutel Brot aus Estlingsfrüchten. Es waren zwanzig Brote von Gerste und dazu Jungkorn. Elisa befahl: Gib es den Leuten zu essen. Doch sein Diener erwiderte: Wie soll ich das hundert Leuten vorsetzen? Er aber wiederholte: Gib es den Leuten zu essen. Denn also spricht der Herr: Essen wird man und noch übriglassen. Er setzte es ihnen vor. Sie aßen und ließen noch übrig, wie der Herr gesagt hatte.* Was hier mit »Jungkorn« wiedergegeben wurde, sind »zerriebene Ähren«, die wohlschmeckend waren (s.o.). – In der aramäischen Bibelübersetzung wird daraus »Grütze«, in der griechischen Bibelübersetzung (LXX) wird das Wort mit *palathe* übersetzt, was man deutet als »Masse von getrockneten Früchten, besonders Feigen, die in eine längliche Form zusammengedrückt ward, eine Art Marmelade«[186].

In der entsprechenden Geschichte, die von Jesus erzählt wird, heißt es in Joh 6,9: *Es ist ein Knabe hier, der hat fünf Gerstenbrote und zwei Stück Beikost; aber was ist dieses für so viele?* Was wir mit »Beikost« übersetzt haben, heißt griechisch: *opsarion*. Dieses Wort bezeichnet, wie erwähnt, zunächst allgemein die Beikost, es kann aber auch die Spezialbedeutung »Fisch« annehmen. – Ob es in Joh 6,9 diese Bedeutung hat, bleibt hier offen. Dagegen hat der Bericht bei Markus nun ausdrücklich: *Wieviele Brote habt ihr? Geht fort, seht! Und sie erfahren es und sagen: Fünf, und zwei Fische* (Mk 6,38). – Hier ist nun die Beikost endgültig im Sinne von Fischen festgelegt worden.

Man kann die Überlieferungsgeschichte nun so beurteilen, daß die Grütze oder Feigenmarmelade aus der zeitgenössischen Deutung des Alten Testaments zunächst als »Beikost« gedeutet wurde, und zwar in der Form, in der es das Johannesevangelium berichtet. Das war durchaus eine zutreffende, wenn auch mit einem weiten Begriff umschreibende Deutung der alttestamentlichen Vorlage. Und Markus könnte dann die weite Bedeutung von »Beikost« im Sinne einer sehr häufig belegten Bedeutung dieses Wortes auf »Fisch« eingegrenzt haben. – Auch Joh 21,9.13 (Fisch und Brot auf dem Kohlenfeuer) ist ein Hinweis darauf, daß es in der Umgebung des Sees Genezaret und also bei Jesus und seinen Jüngern durchaus üblich war, als Beikost Fisch zu wählen.

Nach ägyptischen Papyri aus der Zeit des Neuen Testaments besteht die Ernährung der Sklaven aus Brot und Feigen: Nach der Feigenernte wird die Brotration herabgesetzt, da sie dann ja auch von dieser Beikost leben[187].

Gemüse und Zwiebeln

Nach dem Mischnatraktat Arakh 4 gilt folgende Regel:
Wer 10 Minen hat, kann jeden Tag Gemüse essen.
Wer 20 Minen hat, kann zusätzlich jeden Tag Fleischbrühe essen.

Wer 50 Minen hat, kann zusätzlich innerhalb einer Woche ca. 330 g Fleisch essen.
Wer 100 Minen hat, kann jeden Tag zusätzlich 300 g Fleisch essen.
Dabei entspricht eine Mine einem Vermögen von rund tausend Arbeitslöhnen (für Tagelöhner). Aus der Aufstellung geht hervor, daß die Preise für Fleisch unglaublich hoch waren, aber auch, daß selbst Gemüse essen zu können, ein kleines Vermögen voraussetzt.
Eine gute Übersicht über die als Beikost gegessenen Gemüsesorten gibt die Arbeit von Th. Schuch. Kohl, Lattich und Spargel waren bevorzugte Gemüsesorten. Der gesundheitliche Wert der Gemüse war bekannt und anerkannt: Grüne Gemüse und Salate waren leicht verdaulich, sie hielten den Körper (besonders den Bauch) weich und garantierten einen nicht zu harten Stuhlgang[188]. Konserviert wurden Gemüse durch Aufbewahrung in Salzlake[189].
Das Gemüse wurde bei den wohlhabenderen Leuten mit Öl gekocht und mit Eiern serviert[190]. Auf das Gemüse legte man dann, wenn man hatte, das Huhn oder die Wurst. Der Lebensstandard oder die asketische Haltung zeigten sich daran, ob Gemüse wirklich mit Öl zubereitet und mit Fleisch serviert wurde. Für Christen und christliche Asketen galt: »Wegen des Genusses roher Gewächse, namentlich auch Wurzeln, heißen die ersten Christen öfter ›Rohkostfresser‹ (gr. *omofagoi*), die also nicht ihre Gemüse mit Jungfernöl und anderen Ingredienzen in Pfannen zubereiteten«[191]. So bescheinigt ihnen der römische Dichter Persius: *ohne Öl lebten sie*[192].
In Röm 14,2 werden einige Christen in der römischen Gemeinde so geschildert: *Der eine glaubt, alles essen zu dürfen, der Schwache aber ißt Gemüse;* in 14,21 werden demgegenüber die »Starken« ermahnt: *Recht ist es, nicht Fleisch zu essen und nicht Wein zu trinken und nicht das (zu sich zu nehmen), an dem dein Bruder sich stößt.* In Rom gab es demnach Christen, die auf Fleisch und Wein verzichteten und (zum Brot hinzu, das muß man selbstverständlich ergänzen) nur Gemüse aßen und Wasser

tranken. Der Ausdruck »Schwache« weist darauf, daß diese Gruppe vor allem aus religiösen Gründen auf Fleisch und Wein verzichtete. Sie betrachteten das Christentum offenbar als eine Bußbewegung, denn der Verzicht auf Fleisch und Wein gehört traditionell zu den Zeichen der Umkehr (und Bekehrung) zu dem einen und einzigen Gott. Es können also durchaus Heidenchristen aus dem Milieu der judaisierenden Sympathisanten gewesen sein, die als Zeichen ihrer Bekehrung zu einer »Art Judentum«, als die sie das Christentum auffaßten, die bei »Umkehr« üblichen Nahrungsbeschränkungen auf sich nahmen. Auch bei Johannes dem Täufer hatte sich Umkehrpredigt mit Nahrungsverzicht verbunden.

So berichten dann auch die apokryphen Apostelakten häufiger von Mahlzeiten der Christen, die aus Brot, Wasser, Öl, Salz und Gemüse bestanden. Entsprechend heißt es vom Apostel Thomas: *Und nachdem er sie gesegnet hatte, nahm er Brot, Öl, Gemüse und Salz, segnete es und gab es ihnen. Er selbst aber beharrte bei seinem Fasten, denn der Herrentag dämmerte herauf*[193]. In den Andreasakten ist einfach die Rede vom Kauf von *Gemüse und Brot und weiteren Lebensmitteln*[194]. Das Diätfasten vor Ostern besteht nach den Apostolischen Konstitutionen darin, daß die Leute *allein gebrauchten Brot und Salz und Gemüse*[195]. Der Unterschied im Milieu gegenüber den Thomasakten wird klar erkennbar: Was dort die das Fasten brechende normale Nahrung ist, von der das Fasten abgesetzt wird, gilt hier bereits als Diätfasten. Die Apostolischen Konstitutionen (Kirchenordnung, 5. Jh.) dokumentieren damit in weit größerem Maße bereits volkskirchliches Milieu.

Neben Oliven sind Trauben und Zwiebeln die geläufigste Beikost zum Brot[196].

Honig

Das Frühstück wohlhabender Leute bestand aus »ein paar in Wein getauchten Bissen Brot, dünnen Honigkuchen mit Sesambrei und Honig«, und in den Vorratskammern der Reichen fanden sich außer Brot auch Käse und Honig[197].

Fisch

Wie bereits oben dargestellt, ist in der Nähe fischreicher Gewässer (See Genezareth) und im Milieu von Fischern Fisch auch für ärmere Leute die gegebene Beikost. So sind nach Mk 6,38; Joh 21,9 Fische Beikost im Jüngerkreis Jesu.
Wenn der babylonische Talmud ausführt: *Wer kleine Fische ißt, bekommt keine Leibschmerzen*[198], so ist die zugrundeliegende Erfahrung: Durch diese Beikost wird das Brot verdaulich.
Fisch war in der Regel das Höchste an Genüssen, das die durchschnittlich Begüterten sich leisten konnten[199].

Fleisch

Es wurde bereits deutlich, daß Fleisch als Beikost zum Brot so teuer war, daß nur sehr wenige Wohlhabende es sich leisten konnten. Daher kann man davon ausgehen, daß Jesus und seine Jünger sich nur zum Passahmahl einen Lammbraten leisten konnten. – Die »besseren« Mähler bestanden seit Homer ohne Zweifel aus Brot, Fleisch und Wein[200]. – In Kontrast zum Bußfasten der Aseneth beim Übertritt zum Judentum steht das, was sie vorher gegessen hat: *...das königliche Mahl und die gemästeten Dinge und die Fische und die Fleischstücke der jungen Kuh*[201]. Sie war demnach zuvor ein Kind des Luxus.
Wie sich der Vegetarismus der einfachen Leute vom Standpunkt der Reichen her ausnahm, schildert anschaulich der römische Dichter Plautus:
Nicht koch' ich Mittag wie die andern Köche,
die gesottne Wiesen in Schüsseln bringen auf den Tisch
und aus den Gästen Ochsen machen, sie mit Kraut
vollstopfen und als Zutat wieder nehmen Kraut,
Koriander, Fenchel, schwarze Raut' antun und Lauch,
und dazu Ampfer, Blattkohl, Mangold, Amaranth.
Drum leben auch die Leute nur so kurze Zeit,
weil sie mit Kraut den Magen sich vollstopfen, das
zu nennen scheußlich, scheußlicher zu essen ist.
Kraut, das ein Vieh nicht fressen mag, ißt jetzt ein Mensch[202]!

Unsere Beobachtungen zur Beikost zum Brot lassen auch ein paar allgemeinere Schlußfolgerungen auf das alltägliche Leben der frühen Christen zu:
Die christlichen Gemeinschaftsmähler orientieren sich in der Qualität der Verpflegung an einem gesellschaftlich sehr niedrigen Standard. Das weist auf tatsächliche relative Armut und zumindest eine Art Solidarität mit anderen ärmeren Schichten.
Die von den neutestamentlichen Abendmahlsberichten her bekannte Verbindung von Brot und Wein begegnet sonst nicht; statt dessen ist von Brot und Wasser usw. die Rede. Demnach war der Weingenuß zum Abendmahl wohl eine Ausnahme. – Es kann freilich auch an der Eigenart unserer Quellen liegen, daß wir über den städtischen Normalchristen nicht besser informiert sind. Auch der oben zitierte Bericht über das letzte Mahl Jesu mit seinen Jüngern im Gefängnis verzichtet auffällig auf Wein.
Nahrungsaskese aus religiösen Gründen (weil man das Christentum als Bußbewegung betrachtete oder aufgrund eher »dualistischer«, gnostisierender Weltanschauung) orientiert sich immer an den Mahlzeiten der weniger Begüterten. Dabei gibt es immer wieder Hinweise, daß Menschen, die dieses freiwillig auf sich nehmen, eher zu den Begüterten gehörten. Das Streben nach dem religiösen Idealstatus äußert sich so in einer Rückkehr zu einfacheren, weniger hoch entwickelten Formen des Alltagslebens (»regressive Tendenz«).
Die Art der Beikost ist in höchstem Maße Meßlatte des sozialen Status. – Dies ist auch geradezu die Voraussetzung der geschilderten Verzichtsbewegung bei Begüterten.

Brotfasten

Verzicht auf Brot als Element der Gottesbeziehung

Wollte man die Entsagung auf die Spitze treiben, so verzichtete man selbst auf Brot. Damit entsagt man nun selbst dem Minimum und lebt von etwas ganz anderem bzw. stellt es ganz Gott anheim, einen am Leben zu erhalten.

An mehreren wichtigen Stellen des frühen Christentums begegnet uns diese Art Fasten:

Jesus hat bei seinem Aufenthalt in der Wüste zu Beginn seines Wirkens offenbar auf Brot verzichtet. Denn die Versuchung, die nach dem Bericht Satan an ihn heranträgt, besteht gerade darin, daß er die Steine in Brot verwandeln soll (Mt 4,3; Lk 4,3: *Und der Versucher kam hinzu und sagte zu ihm: Wenn du Sohn Gottes bist, sprich, daß diese Steine Brot werden*).

In späteren Texten über den Antichrist versucht dieser, Steine in Brot zu verwandeln, zumeist freilich ohne Erfolg[203].

Lk 7,33: *Gekommen ist Johannes der Täufer und aß nicht Brot noch trank er Wein, und ihr sagt: er hat einen Dämon*. Der Täufer, der laut Mk 1,6 Heuschrecken und wilden Honig aß, mußte als »Wüstenbewohner« zwangsläufig auf die Zivilisationsprodukte Brot und Wein verzichten. Diese Askese bedeutet daher in sich eine Abkehr von der Kulturwelt der Menschen. Es ist kaum zufällig, daß Jesus als Täuferjünger in seinen Anfängen diese Askese teilt. Andererseits sucht die Gruppe seiner Jünger ihr Selbstverständnis gerade in einem Mahl von Brot und Wein – beides kannte der Täufer nicht.

Mk 6,8; Lk 9,3: Die Jünger sollen kein Brot mit auf den Weg nehmen, natürlich auch keinen Brotsack (der soll auch nach Mt 10,10; Lk 10,4 nicht mitgenommen werden). Als Wandermissionare setzen die Jünger damit das Verhalten des frühen Jesus und des Täufers fort. Freilich werden sie nur aufgefordert, kein Brot mitzunehmen. Brot zu essen wird ihnen nicht verboten, auch wenn es wohl oft darauf hinausgelaufen sein wird. Mt 10,10 mildert ab: Er unterläßt das Verbot, Brot mitzunehmen und ergänzt im Sinne der Verpflegung durch die seßhaften Ortsgemeinden: *...denn der Arbeiter ist seines Lohnes würdig*. – Wichtig ist: Die Wandermissionare konservieren das ältere, täuferische Verhalten.

Gerade unter diesem Aspekt ist noch einmal auf die Aufhebung des Verbotes, einen Brotsack (und damit wohl auch Brot) mitzunehmen, in Lk 22,36 einzugehen: Jetzt, nachdem im letzten Mahl Jesus den Jüngern seinen Bund vermacht hat und sie in einem untäuferischen Mahl von Brot und Wein als Jüngerkreis endgültig konstituiert hat, kann auch die täuferische Praxis des Brotverzichts aufgehoben werden. Erst jetzt sind die Jünger aus dem Schatten des Täufers herausgetreten.

Der Herrenbruder Jakobus *hatte geschworen, er werde kein Brot mehr essen von jener Stunde an, in der er den Kelch des Herrn getrunken hatte, bis er ihn von den Entschlafenen auferstanden sähe. Und kurz darauf sagte der Herr: Bringt einen Tisch und Brot! Und sogleich wird hinzugefügt: Er nahm das Brot, segnete es und brach es und gab es Jakobus dem Gerechten und sprach zu ihm: Mein Bruder, iß dein Brot, denn der Menschensohn ist von den Entschlafenen auferstanden*[204]. – Im Unterschied zu den Berichten der neutestamentlichen Evangelien hat Jakobus nach diesem Evangelium am Abendmahl teilgenommen. Sein Hungerstreik bescheinigt für Verfasser und antike Leser die Glaubwürdigkeit des Berichtes. Eine Einzelerscheinung vor Jakobus wird auch in 1 Kor 15,7 angegeben, aber nicht erzählt. Daß der Herr auf solche und ähnliche Wünsche reagiert, zeigt auch der Abschnitt über den ungläubigen Thomas (Joh 20,24–29). Auch Thomas ist mit seiner Forderung, den Herrn zu sehen, auf den ersten Blick erpresserisch. Aber auf den zweiten Blick dient das alles der Glaubwürdigkeit des Erzählten in den Augen des späteren Lesers. – Als der Herr dann erscheint, verfährt er wie der Herr vor den Emmausjüngern (Lk 24,30f: *Und es geschah, als er sich niederlegte zu Tisch mit ihnen, da nahm er das Brot, segnete es und brach es und gab es ihnen. Ihre Augen aber wurden geöffnet, und sie erkannten ihn...*). Es ist derselbe unverwechselbare Gestus, an dem der Herr erkannt wird: Er verteilt das Brot wie der Hausvater. So wird die Erscheinung vor Jakobus zusätzlich durch diese Handlung Jesu, die sicher auf ihn selbst weisen soll, legitimiert.

Ähnlich wie Jakobus hat auch Jesus einen Schwur bezüglich Nahrungsverzicht und ebenfalls mit der Erwartung von etwas Kommendem abgelegt, und zwar in dem Amen-Wort Mk 14,25.

Jesus sagt hier: *Amen, ich sage euch, ich werde nicht mehr trinken vom Gewächs des Weinstocks bis zu jenem Tage, an dem ich es neu trinken werde im Reich Gottes.* Die Amen-Einleitung ist ein Schwur-Ersatz. Wie Jakobus schwört, kein Brot mehr zu essen, bis er den Herrn gesehen hat, so schwört Jesus, keinen Wein mehr zu trinken, bis er es im Reich Gottes tun kann. Es handelt sich zumindest um eine Ansage der Nähe des Reiches Gottes.

Brotfasten als Ausdruck der Umkehr

In Texten, die radikale Umkehr beschreiben, ist Verzicht selbst auf Brot das entscheidende sichtbare Zeichen. Das gilt von Aseneth, die sich zum Judentum bekehrt: sie ißt weder Brot noch trinkt sie Wasser[205]; es wird von Ruben berichtet, der von seiner Verfehlung umkehrt und Buße tut: er ißt nicht *das Brot der Begierde*, d.h. das Brot, das er begehrte[206]. Es handelt sich offenkundig um die Übernahme von Trauerriten[207]. Im »Leben des Daniel« im Corpus der Prophetenleben (jüdische Texte des 1. Jh. n. Chr.) heißt es über König Nebukadnezar: *Weder aß er Brot noch Fleisch, noch trank er Wein, da er Buße tat, weil Daniel ihm verordnet hatte, unter (Essen von) eingeweichten Hülsenfrüchten (Brei) und Grünkräutern den Herrn gnädig zu stimmen*[208]. Wichtig ist die Unterscheidung von Brot und Körnerbrei, denn dieser war bei Römern und Griechen die archaische Getreidenahrung. Diese Angabe fehlt in LXX Dan 4,33a. Sie hilft aber, den eigenartigen Brotanbau des Hermas zu erklären (vgl. oben).

Johannes der Täufer realisiert durch seinen Nahrungsverzicht (s. oben) seine Botschaft in der Praxis: Der zur Umkehr Rufende verhält sich wie ein Büßender.

Im Nikodemus-Evangelium (3./4. Jahrh. n. Chr.) nehmen die Juden drei Tage lang weder Brot noch Wasser zu sich – also nicht das Geringste. Das wird hier als Akt der Umkehr darüber verstanden, daß sie unschuldiges Blut vergossen haben. *Sie weinten und riefen: Wehe uns Elenden! Wir haben unschuldiges*

Blut vergossen. Drei Tage und drei Nächte genossen sie nicht das geringste an Brot und Wasser, und keiner von ihnen kehrte in die Synagoge zurück[209].

Brotverzicht ist besonders im syrischen Raum ein drastisches und Aufsehen erregendes Dokument der jeweils um ihre Glaubwürdigkeit kämpfenden Religion, also auch des frühen Christentums[210]. Eine Inschrift berichtet von einer Jungfrau, die zwanzig Jahre lang kein Brot gegessen habe[211].

Man fastet vor einer Vision, um sich darauf vorzubereiten (»antivisionales Brotfasten«): Fasten dient auch dort der Vorbereitung eines Eingreifens Gottes, wo eine Offenbarung oder Vision erwartet wird: Nach Baruch Apk(syr) 21,1 (ein jüdischer Text des 1. Jh. n. Chr., der die Zerstörung Jerusalems verarbeitet) hält Baruch sich sieben Tage in einer Erdhöhle auf und *heiligt sich* dort, *und Brot aß ich nicht, doch ohne zu hungern, und Wasser trank ich nicht, doch ohne zu dürsten.*

Resultat: Wo Menschen selbst auf Brot verzichten, ist dieses stets ein Zeichen ihrer Entschlossenheit, Ernsthaftigkeit und Glaubwürdigkeit. Der Verzicht auf das Normalste signalisiert: Um ihrer Botschaft willen, um ihrer Existenz als Bote Gottes willen sind diese Menschen stets bereit, auch auf das Leben selbst zu verzichten. Denn Verzicht auf Brot ist ein Zeichen für die Bereitschaft zum Verzicht auf alles. Jeder Verzicht weist auf etwas, das wichtiger ist.

Brotbrechen

Es ist zwar seit längerem bekannt, daß der griechische Ausdruck »das Brot brechen« außerhalb des biblischen Griechisch nicht belegt ist, auch nicht bei Philo und Josephus. Doch Konsequenzen bezüglich historischer Einsichten, besonders in die Geschichte des Abendmahls, hat man daraus noch nicht gezogen. Diese aber sind erheblich. Denn das Brotbrechen weist zurück auf die Rolle des Hausvaters. Und gerade sie ist es, die im Verlauf des griechischen Mahles keine Rolle spielte. Im jüdischen Mahl dagegen bricht der Hausvater zu Beginn des Mahles das Brot. Daher markiert das »Brotbrechen« die absolute Besonderheit des aus dem Judentum stammenden Mahls der Christen in heidnischer Umgebung und wird zur Bezeichnung für dieses Mahl selbst. Denn die Christen erst bringen diese jüdische Mahlform wirklich in heidnische Umgebung.

Zugleich sind entscheidende Probleme und Entwicklungsstufen des Abendmahles an den Ausgangspunkt beim jüdischen Mahl gebunden (der den Heidenchristen nicht geläufig war), besonders was die Probleme in Korinth und den Zusammenhang mit dem »Amtsträger« betrifft. – Doch gehen wir der Reihe nach:

Der Ausdruck »Brot brechen«

Den griech. Ausdruck »Brot brechen« (gr.: *klan arton*) kennen nur griechischsprechende Juden und Christen. In der griechischen Bibelübersetzung (LXX) begegnet der Ausdruck an zwei Stellen, in Jer 16,7 (Trauerbrot); Klg 4,4, sonst nicht, und zwar hier als Wiedergabe des hebräischen *paras lechem*; vgl. auch noch in der Vulgata und in der altlateinischen Version Jes 58,7 (*brich dem Hungernden Brot*[212]). Allerdings ist außerhalb der jüdischen und christlichen Texte noch ein Zauberpapyrus zu nennen, der den Ausdruck kennt[213]. – Auch das Hauptwort »Stück Brot« (gr.: *klasma*) ist vorchristlich nur in der LXX belegt, wenn auch etwas häufiger (Lev 6,21; Ez 13,19), dann im Neuen Testament und außerhalb selten[214].

Brot teilen

Das Brot mit dem Messer zu zerteilen, galt als unstatthaft; man nannte das »töten«. Vielmehr wurde das Brot (entlang den kreuzförmigen Kerben) auseinandergerissen. Der deutsche Ausdruck »Brotbrechen« suggeriert, daß das orientalische Brot die Konsistenz einer Oblate oder Hostie, wie wir sie vom Abendmahl her kennen, gehabt hätte. Das war natürlich nicht der Fall, und ein Brot von bis zu 5 cm Dicke im deutschen Sinne des Wortes zu »brechen«, setzte einen Grad von Härte des Brotes voraus, der es ungenießbar gemacht hätte, wie auch Kräfte des Brotbrechenden, die denen des Samson vergleichbar hätten sein müssen. Daher wurde das Brot wohl mehr gerissen als gebrochen. Da wir über die jeweilige Konsistenz des Brotes nicht informiert sind, empfiehlt sich für die Übersetzung der Ausdruck »zerteilen«.

Beginn der Mahlzeit

Nun gab es einen besonderen Akt des Brotbrechens, der speziell mit dem oben dargestellten Ausdruck belegt wurde, nämlich: daß der Hausvater das am Tisch gereichte Brot zerteilt und verteilt. – Das ist zunächst nichts weiter als ein technischer und sachlich notwendiger Vorgang. Er hat für sich genommen keine kultische Bedeutung, auch wenn der Hausvater zusätzlich einen (»kultischen«) Segensspruch dazu sagt. Der Beginn[215] einer von mehreren Menschen vollzogenen gemeinsamen Mahlzeit sah daher wie folgt aus:
– das Brot wird ganz hingestellt (mit Salz und eventuell Beikost);
– ein Dankgebet (Segensspruch) über das Brot wird gesprochen[216]. Das Amen muß erst verklungen sein[217];
– der Hausherr teilt das Brot und reicht davon jedem der Geladenen. So beginnt das Essen mit der Austeilung des Hauptbestandteils. Der Hausvater ißt als erster von dem Brot und streckt auch als erster die Hand nach dem Tisch aus, »um von dem zuerst aufgetragenen Gericht mittels eines Stückchens Brots, das als Eßzeug diente, sein Teil wegzunehmen«[218].
Da die Vorspeise in einem anderen Raum eingenommen wird und da bei der Vorspeise jeder über seinem eigenen Becher den Segen spricht, ist der Segen über dem Brot und das Brotbrechen die Anfangshandlung der eigentlichen gemeinsamen Mahlzeit. Nur wenn man das bedenkt, wird verständlich, weshalb »Brotbrechen« zur Bezeichnung der Mahlzeit von Christen werden konnte.
In der griechischen Mahlzeit ist dagegen nur das Ende ein Fixpunkt: das Trankopfer an den Agathos Daimon.

Jesus teilt das Brot

Jesus nimmt unter seinen Jüngern wiederholt und offenbar regelmäßig die Rolle des Hausvaters ein.
Nach Mk 6,41; Mt 14,19; Lk 9,16 wird von Jesus bei der Speisung des Volkes gesagt: *Und er nahm die fünf Brote und die zwei Fische, schaute zum Himmel auf, segnete und brach die Brote und gab sie seinen Jüngern, damit sie sie ihnen vorlegten, auch die zwei Fische verteilte er allen* (so Mk 6,41). Ebenso bei der zweiten Brotvermehrung nach Mk 8,6: *Und er nahm die sieben Brote und dankte und brach sie und gab sie seinen Jüngern, damit sie sie vorlegten, und sie legten sie der Volksmenge vor* (ähnlich Mt 15,36). In Lk 24,30 heißt es von dem bis dahin noch unbekannten Begleiter der Emmausjünger: *Und es geschah, als er sich niederlegte zu Tisch mit ihnen, nahm er das Brot, segnete es und brach es und gab es ihnen.* Daraufhin heißt es: *Ihre Augen aber wurden geöffnet, und sie erkannten ihn.* Und in Lk 24,35 heißt es: *Und sie legten dar, was auf dem Weg geschehen und wie er erkannt wurde von ihnen beim Brechen des Brotes.* Auch beim Abendmahl tut Jesus ebenso (1 Kor 11,24; Mk 14,22 par; s. u.).
Diese Rolle Jesu ist schon für sich selbst höchst bedenkenswert und stellt so etwas wie einen wohl zweifelsfrei vorösterlichen Ausdruck christologischer Würde dar: die Rolle Jesu als des Hausherrn, der das Brot beim Mahl segnet, teilt und austeilt, ist ein zu Unrecht vernachlässigter impliziter christologischer »Titel«. Seine Bedeutung ist: Jesus ist der Mittelpunkt und die Autorität dieser als Familie/Haus vorgestellten geschwisterlichen Gemeinschaft. Seine Rolle ist nicht vergeistigt, er hält auch nicht lange Predigten, sondern er ist die Mitte des gemeinsamen Mahls. Was Jesus zu sagen hat, vollzieht sich als Tischgespräch. Hauptthemen der antiken Tischgespräche aber waren: Essen und Liebe.

Mahlzeiten der frühen Christen

Die Mahlzeiten der frühen Christen werden nun gleichfalls Brotbrechen genannt:
Apg 2,42: *Sie aber harrten aus in der Lehre der Apostel und der Gemeinschaft, im Brechen des Brotes und den Gebeten.*
Apg 2,46: *Und sie harrten täglich einmütig aus im Heiligtum und brachen nach Häusern Brot, nahmen Nahrung in Jubel und Einfachheit des Herzens.*
Apg 20,7: (von Paulus) *Am ersten Tag der Woche aber, als wir versammelt waren zu brechen das Brot, redete Paulus zu ihnen...*
Apg 20,11: *Paulus aber stieg hinauf (in das Obergemach) und brach das Brot und aß und redete noch lange bis zum Tageslicht. So ging er fort.*
Apg 27,35: (von Paulus) *Dieses aber sagte er und nahm das Brot, dankte Gott vor allen und brach es und fing an zu essen.*
Didache (Apostellehre, Ende 1.Jh. n.Chr.) 14,1: *An jedem Herrentag versammelt euch, brecht das Brot und sagt Dank, indem ihr dazu eure Übertretungen bekennt, damit euer Opfer rein sei.*
Ignatius von Antiochien (Anfang 2.Jh. n.Chr.), Epheserbrief 20,2: *...daß ihr Mann für Mann gemeinsam alle im einzelnen in Gnade zusammenkommt in einem Glauben und in Jesus Christus... und ein (einziges) Brot zu brechen, das Arznei der Unsterblichkeit ist, Gegengift, daß man nicht stirbt, sondern lebt in Jesus Christus immerdar.*
Johannesakten (Ende 2.Jh. n.Chr.) Kap. 72: *Tags darauf begab sich Johannes zusammen mit Andronikus und den Brüdern am frühen Morgen zum Grab, da Drusiana den dritten Tag hatte (sc. dort begraben war), damit wir dort das Brot brächen.* Kap. 85: *Als Johannes das als Anrufung gesagt hatte, nahm er Brot, brachte es in die Grabkammer, um es zu brechen, und sagte: Wir preisen deinen Namen...* Zur Deutung: *Beidemal geht der Apostel in die Grabkammer hinein, bricht unter Rezitation eines Dankgebets in derselben das Brot, kommt heraus und teilt allen*

Brüdern ›von der Eucharistie des Herrn‹ mit. Dadurch, daß der Liturge am Grabe das Brot bricht und nachher den Verwandten davon reicht, ist die Symbolik der wiederhergestellten Gemeinschaft der Toten mit den Lebenden zum Ausdruck gebracht... eine gemeinsame Mahlzeit der Anwesenden[219]. Kap. 109f: *Nachdem er Brot erbeten hatte, sprach er folgendes Dankgebet: Welches Lob und welches Opfer oder welchen Dank sollen wir nennen, da wir dieses Brot brechen, als dich allein, Jesus? Wir preisen deinen von dir ausgesprochenen Vaternamen. Wir preisen deinen durch dich ausgesprochenen Sohnesnamen... Und er brach das Brot und gab es uns...*

Thomasakten (3. Jh. n. Chr.) Kap. 27: (von Thomas) *Als es aber Licht und Tag wurde, brach er Brot und machte sie zu Teilnehmern an der Eucharistie des Christus. Sie freuten sich aber und frohlockten*; Kap. 49–50: (von Thomas) *Und er bereitete ein linnenes Tuch darüber* (sc. über die Bank) *und legte das Brot des Segens darauf* (es folgt ein Segensgebet)*... Und als er dies gesagt hatte, schnitt er auf das Brot das Kreuz ein, brach es und fing an auszuteilen.* – Kap. 121: (vom Apostel Thomas) *Als sie aber getauft war und sich angekleidet hatte (Marcia), brach er ein Brot, nahm einen Becher mit Wasser, ließ sie teilnehmen an dem Leibe des Christus und an dem Becher des Gottessohnes...*; Kap. 133 (von Thomas) *Als sie aber getauft waren und sich bekleidet hatten, legte er Brot auf den Tisch und sprach segnend: ...Und er brach das Brot und er gab es Sifor und seiner Frau und Tochter.* Kap. 158: (von Thomas) *Als sie aber aus dem Wasser heraufgestiegen waren, nahm er Brot und Becher, segnete und sprach:... Und er brach das Brot der Eucharistie und gab es...*[220].

Clementinische Homilien 14,1 über Petrus: *Er brach das Brot zur Danksagung und tat Salz hinzu.*

Epiphanius über die Ophiten: *Sie brachen die Brote... und teilten davon zum Empfang aus*[221].

Die Darstellung der Priscilla-Katakombe: der Vorsitzende bei einem Totenmahl streckt die Hände aus, um Brot zu brechen[222].

*Brotteilen als das Mahl der Christen
in heidnischer Umgebung*

Nun hat man sicher zu Recht bemerkt, daß keineswegs überall wo vom Brotbrechen die Rede ist, an das Abendmahl im Sinne von Lk 22 und 1 Kor 11 gedacht ist. Von den Texten aus der Apostelgeschichte gilt: »Kein einziger der griechischen Erklärer denkt jemals bei dem Brotbrechen an ein eucharistisches, vielmehr nur an den Akt einer Mahlzeit«. So sieht man in Act 27,35 eine Anweisung, nie ohne Dankgebet zu essen[223].
Noch viel weniger wird das Brechen des Brotes als Symbolik für das Leiden des Herrn verstanden[224].
Vielmehr handelt es sich zunächst um die Mahlzeiten von Christen überhaupt, die aber besonderer Ausdruck ihres Christseins und dessen Mitte sind. Dort, wo ausdrücklich von »Eucharistie« die Rede ist, kann man sicher vom Abendmahl reden, also besonders in den Thomasakten. – Für die Thomasakten ist auffällig die Verbindung von Taufe und Abendmahl. Ferner ist an den Texten gut erkennbar, daß die Abfolge des jüdischen Mahls erhalten ist: Das Brot wird aufgetragen, der Apostel spricht den Segen und dann bricht er das Brot, um es zu verteilen.
Resultat: »Brotbrechen« ist schon früh und in griechischsprachigem Milieu zur Bezeichnung des gemeinsamen Mahls der Christen geworden. So wie Jesus von den Emmausjüngern am Brotbrechen erkannt wird, so erkennt man später und offenbar auch noch zur Zeit des Lukas die Christen an diesem gemeinsamen Zeichen.
Von Juden hätte es die Christen nicht unterschieden, denn jedes jüdische Mahl begann auf diese Weise. Jedoch von Heiden mußte es sie unterscheiden. Denn im außerjüdischen Bereich fehlt:
– ein gemeinsamer Beginn der Mahlzeit durch Brotbrechen
– eine vergleichbare Rolle des Hausvaters dabei und auch sonst.
Die Christen haben damit auch in heidnischer Umgebung an dieser jüdischen Mahlsitte festgehalten und unterschieden sich

eben in diesem Stil zunächst rein äußerlich von der heidnischen Umwelt. Die Christen feierten ein Mahl, das mit Brotbrechen durch den begann, der beim Mahl den Vorsitz führte.

Dem Phänomen selbst begegnen wir öfter: Das Festhalten an einer älteren Sitte des Alltagslebens wird in neuer oder einfach veränderter oder späterer Umgebung zum religiösen Zeichen stilisiert.

Wenn man nun fragt, warum die frühen Christen an der Sitte des Brotbrechens festhielten, so kann die Antwort nur sein: Dieses ist die entscheidende Erinnerung an Jesus. Auf diese Weise hat er Menschen um sich gesammelt und seine Botschaft verkündet.

These ist daher: Das Brotbrechen ist ein üblicher Teil des jüdischen Mahls. Die Christen übernehmen diese Form zunächst unbefangen. Und doch wird gerade so aus diesem Mahl in der heidnischen Umgebung etwas Besonderes: Das Brotbrechen wird zum Erkennungsmahl aller Arten von christlichen gemeinsamen Mahlzeiten. Und es ist, wegen der besonderen Rolle des Hausvaters bzw. dessen, der das Brot bricht, entscheidend für das christliche Amt geworden.

Es ist sicher nicht zufällig, daß die Apostelgeschichte nach den oben genannten Stellen Paulus als den nennt, der das Brot brach. Er übernimmt damit als Apostel die Rolle Jesu beim Mahl. Wo immer in der Folge jemand den Mahlvorsitz unter Christen führt, wird es »in Stellvertretung« Jesu geschehen. An keiner anderen Stelle konnte so wie beim Vorsitz im gemeinsamen Mahl eine Gemeinschaftsfunktion unter Christen eine quasichristologische Würde erhalten.

Für die folgende Entwicklung von Bedeutung ist, daß das Brotbrechen Merkmal christlicher Mähler auch außerhalb des engeren Feldes des Herrenmahles bleibt. Wir können beobachten, daß sich das Herrenmahl von den anderen christlichen Mählern namens Brotbrechen vor allem darin unterscheidet, daß in der Danksagung (»Eucharistie«) der Segensworte über dem Brot (und Wein) ausdrücklich Jesus erwähnt und für ihn oder durch ihn gedankt wird (s. unten). – Aber »Brotbrechen« außerhalb des Herrenmahls findet etwa bei den Agapen statt oder bei der Gabe von Eulogien[225], d.h. gesegneten Broten »aus dem Brotbrechen«[226]. Schließlich hat sich häufig in Tischgebeten vor allem griechischer Mönche vielfach älteres Gut über das Abendmahl erhalten, das aber jetzt nurmehr das Brotbrechen illustriert. Dieses Gut hat man in die Tischgebete abgedrängt, als die Einsetzungsworte wichtiger wurden als das Dankgebet und als dieses strenger und einheitlicher stilisiert wurde.

Der jüdische Hintergrund gerät in Vergessenheit

Die Gegenprobe zu der oben genannten These: Bei den Autoren, die den jüdischen Hintergrund des christlichen Mahls nicht mehr vor Augen hatten, verschwindet das Brotbrechen fast spurlos aus den Berichten. Aus der älteren Zeit sind nur Tertullian (2/3. Jh.) und Origenes (3. Jh.) zu nennen[227]. Auch in den Abendmahlsliturgien, besonders in den neueren, hat es sich nur teilweise erhalten: Es wird zwar im Abendmahlsbericht vorgelesen, daß Jesus das Brot brach, aber im Abendmahlsgottesdienst selbst wird das Brot nicht gebrochen. So ist hier der jüdische Hintergrund und das besondere Merkmal christlicher Mähler in heidnischer Umgebung verloren gegangen.

Auffällig ist, daß Ignatius an der oben zitierten Stelle nicht davon spricht, daß der Bischof das Brot bricht. Es wird lediglich im Plural von der Gemeinde gesagt *wir brechen das eine Brot*. Ich kann dieses nur als Hinweis darauf ansehen, daß in den Gemeinden des Ignatius, die ja Heidenchristen waren, möglicherweise der Brauch des Brotbrechens durch den einen Hausherrn nach jüdischer Sitte schon nicht mehr verstanden und wahrgenommen wurde. Bei der hohen Wertschätzung, die er sonst dem Bischof zuteil werden läßt, ist es kaum vorstellbar, daß Ignatius von Antiochien sich diese Gelegenheit hätte entgehen lassen, um das Brotbrechen des Bischofs als einheitstiftendes Moment hervorzuheben. Aber er spricht nur von dem einen Brot, nicht von dem einen, der es bricht. Vielmehr teilen alle das eine Brot. So ist bei ihm das eine Brot nur Zeichen der Einheit untereinander, nicht Hinweis auf die einzige maßgebliche Autorität unter

den Christen. Der Bildcharakter des Brotes ist damit verschoben.
Auch in der Didache 14,1 heißt es im Plural: *Brecht das Brot.* Dazu bemerkt schon Th. Schermann: »Während sonst eine Person, der Liturge oder der Hausvater, das Brot bricht, ist hier der Auftrag: Brechet das Brot, an eine Mehrzahl gerichtet...«[228]. Ferner bemerkt er hier, daß der Ausdruck »Brecht das Brot« genügt, ohne daß vom Mahl weiter die Rede sein müsse. Wir haben damit bereits einen »technischen Begriff« vor uns.

Probleme in Korinth

In der Gemeinde von Korinth bestehen zur Zeit des Paulus Probleme, die sich vor allem auf den offenbar ungeklärten und strittigen gemeinsamen Beginn des Mahles beziehen. Denn Paulus wirft den Korinthern vor:
1 Kor 11,21: *Denn jeder nimmt das eigene Mahl vorweg beim Essen, und der eine hungert, der andere ist betrunken.*
Und er ermahnt sie:
1 Kor 11,33: *Daher, meine Brüder, wenn ihr zusammenkommt zum Essen, erwartet einander* (oder: *wartet aufeinander*). (34) *Wenn einer hungert, soll er in seinem Haus essen...*
Schon länger ist vermutet worden, daß sich die Streitigkeiten in Korinth eben darauf beziehen, daß der Beginn des Herrenmahles für die Korinther nicht erkennbar war. Das führte wohl dazu, daß die individuell mitgebrachten Mahlzeiten sachlich und zeitlich in einem ungeklärten Verhältnis zum gemeinsamen Abendmahl standen. Nach dem, was wir oben über das Brotbrechen als den Beginn des gemeinsamen Mahls kennengelernt haben, wird nun klar, daß es sich hier um Probleme aus dem Aufeinandertreffen zweier verschiedener Eß- und Mahlkulturen handelt. Nach der griechischen Mahlkultur gibt es keinen festen Beginn einer kultischen oder unkultischen Mahlzeit, und es ist auch ganz üblich, daß die Leute das dabei Genossene von zu Hause mitbringen. – Nach der jüdischen Mahltradition und dem daraus entstandenen frühchristlichen Brotbrechen dagegen ist

der Beginn der gemeinsamen Mahlzeit ganz eindeutig der Brotsegen und das Brotbrechen.
Während Paulus nun der Gemeinde von Korinth mit der Abendmahlsüberlieferung auch den Brauch des jüdischen und christlichen Brotbrechens vermittelt hatte, hält sich die Gemeinde von Korinth offenbar an hellenistische Formen des Kultmahles und hat den jüdischen Brauch nicht »verstanden«. Zumindest aus der Sicht des Paulus nimmt sich das so aus, als habe es keine Gemeinschaft gegeben, weil es unter anderem keinen gemeinsamen Anfang gab. Und es wurde ja auch nichts gemeinsam für alle verteilt.
Wenn man versucht, sich die Lage in Korinth und deren Beurteilung durch Paulus in dieser Weise vorzustellen, dann wird auch verständlich, warum Paulus so reagiert, wie es in 1 Kor 11 geschieht:
Er unterbindet das private Mitbringen von Eßwaren und er zitiert die Abendmahlsüberlieferung, wie wir sie ähnlich aus den Evangelien kennen (1 Kor 11,23–25). Damit duldet er allein den jüdischen Typ des Mahls, macht ihn der Gemeinde verpflichtend, sieht allein in der darin begründeten Gemeinsamkeit eine Garantie für den Gemeinschaftscharakter. Kulturgeschichtlich gesehen verdrängt damit das jüdisch-christliche Brotbrechen die den Heidenchristen vertrauteren Formen des Mitbringens von Eßwaren.
Zu einem gemeinschaftlichen Mahl die Zutaten mitzubringen, war griechische Sitte. Man nannte ein solches Mahl dann »aus dem Korb« bzw. »aus der (Koch-)Kiste«[229]. Die von Xenophon geschilderte Sachlage entspricht in manchen Punkten der in Korinth: »Wenn von den Teilnehmern an einem gemeinsamen Essen die einen wenig, die anderen viel Fleisch mitbrachten, da befahl Sokrates dem Diener, das Wenige entweder in die Gesamtmasse zu geben oder jedem sein Stück zuzuteilen. Die, welche nun das Viele brachten, schämten sich dann, daß sie keinen Anteil an dem gemeinsam Zusammengetragenen hatten und daß das Ihrige nicht berücksichtigt worden war. Sie gaben also auch das Ihrige in die Gesamtmasse. Und da sie nicht mehr

erhielten als die, welche wenig brachten, hörten sie damit auf, viel für Fleisch auszugeben«[230]. – Eine andere Möglichkeit war, das Mahl auf gemeinsame Kosten auszugeben. – Die Gemeinde von Korinth ist – im Blick auf den Xenophon-Text – etwa so weit wie die dort genannten Leute vor der Regelung durch Sokrates. Und sie ist noch nicht auf dem Organisationsniveau eines hellenistischen Vereins (denn da geht es immer um das Portionenverteilen). Statt nun Vereinsregeln einzuführen, was nach paganen Gesichtspunkten »fällig« gewesen wäre, knüpfte Paulus einfach an die jüdisch-frühchristliche Herrenmahltradition an und verbannt das private Essen in die Häuser.

In der späteren Kirche wird das angesprochene Problem so geregelt, daß sehr wohl die Christen weiterhin Gaben zum gemeinsamen Herrenmahl mitbringen. Diese werden dann als »Opfer« oder »Darbringungen« gekennzeichnet, und eine Fülle von Gebeten nimmt darauf Bezug. Und hier liegt wohl einer der Ursprünge der späteren katholischen Auffassung vom Abendmahl als einem Opfergeschehen. Eine ganze Reihe von Meßgebeter läßt das noch erkennen. – So hat sich Paulus aufs Ganze gesehen nur teilweise durchgesetzt: Zwar hat er das Abendmahl auf die jüdische Form des Brotbrechens »reduziert«, doch vom Heidentum her war in den späteren Gemeinden offenbar das Mitbringen von Gaben unausrottbar und wurde nun mit alttestamentlicher Opfertheologie gedeutet, d.h. mit all den Beschreibungen und Anweisungen aus dem 2.–5. Buche Mose, die man in der Bibel über das Hinaufbringen der Gaben zum Tempel in Jerusalem fand.

Das schon in Korinth anzutreffende Mitbringen von Gaben zum Verzehr beim kultischen Mahl ist auch bezüglich des Brotes belegt: »Nach antiker Sitte, das für den Kult Benötigte durch die Teilnehmer aufbringen zu lassen, wurde das Brot für die Eucharistie von den Gläubigen aus dem häuslichen Gebrauch zur Verfügung gestellt und war somit gewöhnliches Brot«[231]. Cyprian von Karthago äußert sich mahnend: *Wohlhabend und reich, wie du bist, glaubst du den Tag des Herrn zu feiern..., obwohl du in das Haus des Herrn ohne Opfergabe kommst und obwohl du einen Teil von dem Opfer nimmst, das ein Armer dargebracht hat*[232]. Wenn Ignatius von Antiochien vom »Brot Gottes« spricht, das beim Abendmahl verteilt wird, so handelt es sich wohl um übliche heidnische Terminologie.

Brotsegen und Tischgebet

Schöpfungstheologie

Im jüdischen Mahl ist das Brotbrechen untrennbar verbunden mit dem Brotsegen, der diesem vorangeht. Auch der Brotsegen wird vom Hausherrn gesprochen. Er lautet in seiner gewöhnlichen jüdischen Form: *Gesegnet bist du, Herr unser Gott, König der Welt, der hervorbringt Brot aus der Erde*[233]. Im babylonischen Talmud wird die Wendung *der hervorbringt* assoziiert zu *der herausgeführt hat aus Ägypten*[234], was auch von daher naheliegend ist, daß Ägypten die Kornkammer auch für Palästina darstellt. Im übrigen wird im Hebräischen für Hervorbringen und Herausführen dasselbe Verb verwendet. Dieses Segensgebet wird im Neuen Testament »Danken« genannt[235].
Auch Jesus betet zu Beginn jeder Mahlzeit (und auch der Brotvermehrung), und es heißt dabei, daß er *aufblickte zum Himmel* (Mk 6,41: *Und er nahm die fünf Brote und die zwei Fische und schaute zum Himmel auf und segnete und brach die Brote...*, so auch in den Parallelen Lk 9,16; Mt 14,19). Im zeitgenössischen Judentum ist dieser Brauch geläufig: Nach Philo von Alexandrien wenden die Essener, jene vorbildlich in Gemeinschaft lebende Gruppe zur Zeit des Neuen Testaments, zu Beginn ihres gemeinschaftlichen Mahles *Blick und Hände dem Himmel zu*[236].
In der römischen Messe ist dieser Zug auch in den Abendmahlsbericht eingedrungen: *...und aufschauend zum Himmel, zu dir, dem allmächtigen Vater, segnete, teilte und gab er seinen Jüngern...*
Inhaltlich ist der jüdische und frühchristliche (noch nicht auf das

Abendmahl bezogene) Brotsegen ein Dank an den Schöpfer. So wird der Brotsegen derjenige Zeitpunkt im täglichen Leben, an den Gott als der Schöpfer im Blickpunkt steht. Immer wieder nehmen die Texte, die von dieser Danksagung sprechen, auf den Schöpfer Bezug[237].

Dieser »Inhalt« des Tischgebetes ist freilich von der Ursache seiner Entstehung zu unterscheiden. Aufschluß darüber gewinnen wir daraus, daß wiederholt vom »Heiligen« des Brotes die Rede ist[238]. Zwar ist das Brot von Gott geschaffen, aber geheiligt wird es erst durch den darüber gesprochenen Segen. Und das bedeutet: es wird als Gottes Eigentum erklärt und so unter einen besonderen Schutz gestellt. So wird es herausgenommen aus jeder nur denkbaren und auch für den Menschen bedrohlichen Unreinheit – denn Unreinheit haftete ja besonders leicht der Nahrung an. Diese Beobachtungen geben eine gute Verstehenshilfe für 1 Tim 4,3–5: *...Speisen, die Gott schuf zur Annahme mit Danksagung für die Glaubenden und für die, die die Wahrheit erkannt haben. Denn alles Geschaffene Gottes ist recht, und nichts mit Danksagung Genommenes ist verworfen. Denn es wird geheiligt durch das Wort Gottes und durch Anflehen im Gebet.*

Der Brotsegen macht das Herrenmahl

Bei den frühen Berichten über den Vollzug des Herrenmahles durch christliche Gemeinden ist nun auffällig, daß dort nirgends die Einsetzungsworte zitiert werden. Entscheidend ist vielmehr nach diesen Berichten, daß der Brotsegen (und dann auch der Kelchsegen) im Blick auf Jesus formuliert werden, also christologisch. Als Beispiel diene Didache 9,3 (Apostellehre, Ende 1. Jh.): (Beim Brotteilen) *Wir danken dir, unser Vater, für das Leben und die Erkenntnis, die du uns kundgetan hast durch Jesus, deinen Knecht. Dir (sei) die Ehre in Ewigkeit.*

Daher ist im Zusammenhang des Brotsegens auf das Herrenmahl einzugehen.

Die These lautet: Das »Herrenmahl« (»Abendmahl«) kommt

nicht durch das Zitieren des Einsetzungsberichtes zustande, sondern durch das Gedenken an Jesus in den Segensworten, in der sog. Danksagung.
Begründung:
Die Einsetzungsberichte nach Markus und Matthäus berichten überhaupt nur von einem letzten Mahl Jesu; ein Befehl zur Wiederholung wird nicht gegeben. Wüßten wir nicht von frühen Gemeinden, die dieses Mahl wiederholten, dann hätte es sich nach Markus und Matthäus um das einmalige letzte Mahl Jesu handeln können. – Und:
Dort, wo an eine Wiederholung des Mahles gedacht ist, nämlich bei Paulus und Lukas, lautet der Auftrag Jesu: *Tut dies zu meinem Gedächtnis* (1 Kor 11,24; Lk 22,19b). Es heißt nicht: Zitiert diesen Bericht, lest ihn vor. Das Tun besteht im gemeinsamen Mahl mit Brot und Wein nach jüdischer Art. Das Gedächtnis liegt vor, wenn in den Segensworten der Name Jesu begegnet. So feiern in der Tat frühe Gemeinden das Gedächtnis Jesu. Die Didache gibt ein gutes Beispiel: nach 9,3 heißt es *über das Brot: Wir danken dir, unser Vater, für das Leben und die Erkenntnis, die du uns hast erkennen lassen durch Jesus, deinen Knecht.* Von Einsetzungsworten ist keine Rede.
Ähnlich ist es in den Thomasakten: In Kap. 158 heißt es über den Apostel Thomas: *Als sie aber aus dem Wasser heraufgestiegen waren, nahm er Brot und Becher, segnete und sprach: Deinen heiligen Leib, der für uns gekreuzigt wurde, essen wir, und dein Blut, das für uns zur Erlösung vergossen wurde, trinken wir. Möge uns nun dein Leib Erlösung werden und dein Blut zur Sündenvergebung dienen! Für die Galle aber, die du um unsertwillen getrunken hast, möge die Galle des Teufels rings um uns weggenommen werden, und für den Essig, den du für uns getrunken hast, werde unsere Schwachheit gestärkt; für den Speichel, den du unsertwegen empfangen hast, laß uns den Tau deiner Güte empfangen, und für das Rohr, mit dem sie dich um unsertwillen geschlagen haben, laß uns das vollkommene Haus empfangen! Daß du aber um unsertwillen eine Dornenkrone empfangen hast, dafür laß uns, die wir dich geliebt haben, mit*

einer unverwelklichen Krone umwinden! Und für die Leinwand, in welche du gewickelt wurdest, laß uns mit deiner unbesiegbaren Kraft umkleidet werden, für das neue Grab aber und die Bestattung laß uns Erneuerung der Seele und des Leibes empfangen! Daß du aber auferstanden und wieder aufgelebt bist, dafür laß uns wieder aufleben und leben und vor dir in gerechtem Gericht stehen! – Und er brach das Brot der Eucharistie und gab es...

In diesem Text wird genau das ausgeführt, wozu 1 Kor 11 mahnt: Der jüdische Brotsegen vor dem Brechen des Brotes ist ausgefüllt mit Erinnerung an Jesus Christus.

Ähnlich in Thomasakten Kap. 133: *Als sie aber getauft waren und sich bekleidet hatten, legte er (sc. Thomas) Brot auf den Tisch und sprach segnend: Brot des Lebens, dessen Esser unvergänglich bleiben sollen; Brot, das hungernde Seelen mit seiner Seligkeit sättigt – du bist es, das gewürdigt worden ist, eine Gabe zu empfangen, damit du uns zur Vergebung der Sünden würdest und die, welche dich essen, unsterblich würden; wir nennen über dir den Namen der Mutter des verborgenen Geheimnisses der verborgenen Herrschaften und Gewalten, wir nennen über dir den Namen Jesu. – Und er sprach: Möge kommen die Kraft des Segens und sich auf das Brot niederlassen, damit alle Seelen, die daran teilnehmen, von ihren Sünden abgewaschen werden. – Und er brach das Brot und gab es...*[239]. Ähnlich in Kap. 49f der Thomasakten; im Segensgebet heißt es hier ausdrücklich: *Komm und nimm mit uns teil an dieser Eucharistie, die wir in deinem Namen begehen.*

In allen drei Texten geht dem Brotbrechen der Segen voraus, der Jesus nennt. Hinzuweisen ist auch auf die besondere Bedeutung des Namens in dem oben zitierten Abschnitt aus den Johannesakten Kap. 109f. – In diesem Sinne ist auch das im alten römischen Meßformular den Einsetzungsworten direkt folgende Gebet aufzufassen: *Daher sind wir denn eingedenk, Herr, wir deine Diener, aber auch dein heiliges Volk, des heilbringenden Leidens, der Auferstehung von den Toten und der glorreichen Himmelfahrt deines Sohnes, unseres Herrn Jesus Chri-*

stus... Ähnlich wie in Kap. 158 der Thomasakten werden hier die Stationen Jesu genannt. Durch diese Stationen wird sein Name unverwechselbar identifiziert (Acta Thomae 133 nennt lediglich den Namen). – Vor allem aber ist das in den meisten modernen Liturgien erhaltene Hochgebet (Präfation) mit dem *dankzusagen... durch Jesus Christus unseren Herrn* eigentlich ein Segensgebet. Auch das alte jüdische Gebet über dem Brot, das wir oben zitiert haben, ist ja eine Danksagung. Von daher stammt auch überhaupt der Name »Eucharistie« (»Danksagung«).

Man kann daher wohl sagen, daß diese Segensgebete in Verbindung mit dem Brotbrechen die grundsätzliche Absicht des Wiederholungsbefehls sind. Der Name »Eucharistie« für das Abendmahl bringt dieses völlig zutreffend zum Ausdruck.

Das Zitieren der Einsetzungsworte selbst ist daher von der Sache hier nicht strikt notwendig. Schon gar nicht bewirken die Deutungsworte irgend etwas. Aber das Rezitieren der Einsetzungsworte macht für die jeweiligen Hörer immer wieder deutlich, warum der Brotsegen beim Herrenmahl etwas mit Jesus zu tun hat: Er selbst ist wie Brot, wie er es damals gesagt hat. Sein Tod ist wie Wein, wie er ihn seinen Jüngern gedeutet hat.

Das eine Brot und die vielen Mahlgäste

Schließlich hat seit Paulus eine besondere symbolische Bedeutung erlangt, daß es ein einziges Brot ist, das an die vielen Mahlteilnehmer ausgeteilt wird. In 1 Kor 10,16b17 sagt er den Korinthern: *Das Brot, das wir brechen, ist es nicht Gemeinschaft des Leibes des Christus? Weil ein Brot, sind wir, die vielen, ein Leib, denn alle haben wir teil an dem einen Brot.* – Ignatius von Antiochien greift zu einem ähnlichen Vergleich in seinem Brief an die Philadelphier 4: *Seid deshalb bedacht, eine einzige Eucharistie zu gebrauchen – denn eines ist das Fleisch unseres Herrn Jesus Christus und einer der Kelch zur Vereinigung mit seinem Blut....* Umgekehrt ist der Schluß, wenn nicht das

Verteiltwerden der einen Gabe an viele, sondern wenn das Sammeln der Körner zur Einheit eines Brotes zum Bild christlicher Einheit wird (s. o.). – Der Gedanke in 1 Kor 10 und bei Ignatius ist: Durch die eine Gabe werden die vielen Mahlteilnehmer untereinander verbunden. Nur das jüdische Mahl mit dem Brotbrechen am Anfang ermöglichte diese symbolische Deutung.

Brot im weiteren Verlauf der Mahlzeit

Das für Juden verpflichtende rituelle Händewaschen vor Beginn des Mahls entspricht im hellenistischen Symposion einfach der guten Sitte[240]. Es war auch deshalb nötig, weil alle Speisen nur mit dem Finger angefaßt wurden (die heißen z. T. mit Handschuhen[241]). Die »feine« hellenistische Sitte wird im Judentum gleichzeitig religiös begründet. Wenn die Jünger Jesu vor dem Essen nicht die Hände waschen, ist das somit ein Zeichen auch der Herkunft aus sozial geringeren Kreisen (Mk 7,2; Mt 15,2).
»Von den Tischsitten ist zu erwähnen, daß man das Brot in der linken Hand hielt und es zerbrach. Am Schluß des Mahles wurden die Hände an einem Stück Brot oder Kuchen abgeputzt. Nachher gab man das Backwerk den Hunden, was natürlich nicht bei allen Schichten zutraf«[242].
Messer und Gabeln beim Essen waren fast vollständig unbekannt. Löffel (gr.: *mystile*) kannte man, doch zumeist wurde Brot als Löffel benutzt. Tischtücher und Servietten waren unbekannt.
Überdies diente Brot auch zum Reinigen der Hände innerhalb der Mahlzeit. *Nur ein Geiziger ließ zu wenig Brot aufstellen* (Theophrast, Charaktere 30)[243].

Aufgesparte Brotteile und Krümel

Der aufgesparte Brocken

Beim Brotbrechen legt der jüdische Hausvater – zumindest in späterer Zeit – ein Stücklein bis zum Ende der Mahlzeit zurück[244]. Und wenigstens für das Passah gilt: Der Hausvater legt dieses Stück unter sein Kopfkissen. Am Schluß der Mahlzeit wird dieses Stück verteilt[245]. – Nun gibt es eine in den Horologien (Stundenbüchern) der griechischen Kirche verbreitete Legende folgender Gestalt: Zwischen Pfingsten und ihrer Zerstreuung waren die Apostel beim Mahl einmütig beieinander, *ließen aber am Tisch einen leeren Platz. Auf diesen legten sie ein Kissen, auf dieses ein Stück der Brotes, von dem sie aßen. Nach Tisch aber beteten sie und dankten, nahmen dann das Stück Brot, das als Anteil des Herrn erklärt worden war, hoben es in die Höhe und sprachen: Ehre dir ... statt des ›Groß ist der Name!‹*[246]. Der leere Stuhl mit dem Kissen begegnet auch bei der jüdischen Beschneidung als für Elia reservierter Sitz bei dem Geschehen. – Es wird deutlich, daß bis in Einzelheiten hinein auch in späterer Zeit christliche Legenden jüdische Mahlsitten widerspiegeln.

Das Ende des jüdischen Mahles

»Solange Brotstücke, die ja als Eßzeug dienten, auf der Tafel lagen, wußte jedermann, daß mindestens noch ein weiteres Gericht zu erwarten sei... Die Säuberung des Speisesaals geschah dann genau so, daß die olivengroßen Brotstücke sorgfältig gesammelt, die sonstigen Abfälle aber ausgefegt wurden. Daß für das Aufsammeln der größeren Brotbrocken zum Teil abergläubische Motive maßgebend waren, zeigt Chul 105b«[247]. Nach dem babylonischen Talmud, Traktat (Ch)Hullin 105b bestand bei unachtsam liegengelassenen Brocken Brot die Gefahr, daß böse Geister sich angezogen fühlten. – Das Sammeln der übrigen Stücke in Körben in den Speisungsberichten (vgl. dazu Teil VI) geschah daher nicht nur, um den Überreichtum der Speisung zu demonstrieren, sondern auch, weil es so Pflicht und Sitte war.

Die Krümel und die übriggebliebenen Stücke

Wo Schweine gehalten wurden, d.h. unter Heiden, waren sie Abnehmer der Krümel: Nach EvPhil 119 leben sie von Eicheln und Brotkrumen. Im übrigen sind Hunde diejenigen, die sich von den Krümeln nähren. Bei Philostratos, dem Biographen des Apollonius v. Tyana, wird die Rolle der Hunde zum Bild für das Tun des Schriftstellers: Bei den Mahlzeiten der Götter sind sie den Hunden vergleichbar, die sich ernähren von dem, was bei Tische abfällt[248]. – Auch die Evangelien verwenden dieses Bild: In Mt 15,26f bittet eine heidnische Frau Jesus, ihrer Tochter zu helfen. Die Antwort Jesu: *Nicht ist es recht, das Brot der Kinder zu nehmen und es den Hündchen hinzuwerfen.* – Darauf die Frau: *Ja, Herr. Denn auch die Hündchen essen von den Bröckchen, die fallen von den Tischen ihrer Herren.* Die Antwort Jesu war anders gemeint, als sie von der Frau nun nachträglich interpretiert wird: Jesus wollte der Frau deutlich machen, daß er nur zu Israel gesandt ist. Dazu verwendet er das Bild, nach welchem man Brot nicht den Hunden vorwerfen darf. Doch die Frau entdeckt eine Lücke in dem von Jesus gebrauchten Bild, durch die sie sich hineinzwängen kann: Die Hunde leben von den Krümeln. Und um so etwas, bildlich gesprochen, bittet sie Jesus.

Hunde sind die typischen Abnehmer von Brot, das man nicht mehr braucht: Die ägyptische Priestertochter Aseneth gibt zum Zeichen ihrer asketisch realisierten Bekehrung *ihr königliches Mahl und die Mehlspeisen* (gr.: sitia) *den fremden Hunden*[249]. Im Blick auf die gleich zu erörternde Stelle Mt 7,6 ist der Kontrast zwischen den Adjektiven (königlich – fremd) wichtig. Und von Hunden gilt das Sprichwort: *Dem Hund bringt der Schwanz Brot, der Mund aber Schläge*[250] (Schwanzwedeln und Bellen).

Auf diesem Hintergrund kann auch ein anderes, oft unerklärtes

Jesuswort gedeutet werden: Mt 7,6 *Gebt nicht das Heilige den Hunden und werft nicht eure Perlen vor die Schweine...* Hund und Schweine stehen hier für heidnische Unreinheit. Und das »Heilige« ist das durch den Tischsegen geheiligte Brot. Außer Brot habe ich in den Quellentexten nichts gefunden, über das diskutiert wird, ob man es den Hunden ausliefern solle oder nicht.

Daher entspricht die Anweisung Mt 7,6 dem, was Jesus auch in Mt 15,26 sagt: Das Brot der Kinder (= der Juden), das durch Segen geheiligt ist, gehört nicht den unreinen Hunden (= Heiden). Denn was an Heiligem sollte man sonst den Hunden zu geben beabsichtigen? – Der Sinn des konkreten Bildes selbst ist daher wohl »geheiligtes Brot / Hunde«. Diese Sentenz ist nun als Bild zu nehmen und genereller zu verstehen: Brot darf man nicht einfach den Hunden vorwerfen, und genausso das, was Gott gehört, nicht den Heiden. Brot und das, was Gott gehört, haben gemeinsam die »Heiligkeit«. Das Heilige, das nicht den Heiden auszuliefern ist, betrifft jedes leichtfertig ausgelieferte geistliche Gut. Sinnvoll ist das hier nur, wenn es von den Christen und ihrer Berufung und Erwählung selbst gilt: zu Heiligen passen nicht Sünde und Ungerechtigkeit. Es geht daher um einen »symbolischen Imperativ«[251], und er bezieht sich auf die Unvereinbarkeit; sie ist sinnlos. Ganz ähnlich argumentiert auch 2 Kor 7,14 mit der Unvereinbarkeit: *Geratet nicht unter fremdes Joch mit Ungläubigen; welche Teilhabe ist zwischen Gerechtigkeit und Gesetzlosigkeit, oder welche Gemeinschaft hat Licht zu Finsternis? Welche Übereinstimmung aber hat Christus zu Beliar, oder welches ist der Anteil eines Gläubigen mit einem Ungläubigen?*

Zitiert wird der Satz in Mt 7,6 in einem Abschnitt (7,6–12), in dem es überall um die Regel des gleichen Maßes geht. Das heißt: Die Dinge, die ihr tut, müssen und werden einander entsprechen. Eines illustriert nur das andere. So gilt dann auch die Goldene Regel in 7,12. – Der Abschnitt 7,6–12 ist geradezu eine Quintessenz der Theologie dieses Evangelisten: Gerechtigkeit besteht darin, daß man tut und empfängt, was »paßt«. Hunde und geheiligtes Brot passen nicht zusammen. Von dieser Erfahrung her gilt: tut nicht das, was euch nicht gemäß ist und was nicht zu euch paßt. Denn ihr gehört zu Gott, nicht zur Gegenseite. Nehmt wahr, daß das etwas Kostbares, aber auch mit dem anderen Unvereinbares ist.

VI Die wunderbare Speisung mit Brot

Die Berichte über die wunderbare Brotvermehrung haben in den frühchristlichen Apokryphen zum Neuen Testament und in der Alten Kirche die intensivste Wirkungsgeschichte gehabt, die je einer Wundertat Jesu zuteil wurde, mehr als Exorzismen und Totenerweckungen[252]. Wir werden vor allem nach dem Grund dafür fragen.

Nachahmung des Elisa

Von der Brotvermehrung berichten folgende Texte: Mk 6,34–44 mit den Parallelen Mt 14,14–21; Lk 9,12–17 und Mk 8,1–10 mit der Parallele Mt 15,32–39 sowie Joh 6,5–15.
Mk 6,34–44: *Und er kam heraus und sah eine große Volksmenge und er wurde ergriffen über sie, weil sie wie Schafe waren, die keinen Hirten hatten. Und er begann, sie vieles zu lehren. Und als es schon späte Stunde geworden war, kamen seine Jünger zu ihm und sagten: Einsam ist der Ort, und es ist schon späte Stunde. Entlasse sie, damit sie weggehen in die Höfe und Dörfer im Umkreis und sich kaufen, was sie essen könnten! Der aber antwortete und sprach zu ihnen: Gebt ihr ihnen zu essen! Und sie sagen ihm: Sollen wir weggehen und für zweihundert Denare Brote kaufen und ihnen zu essen geben? Er aber sagt ihnen: Wieviele Brote habt ihr? Geht fort, seht! Und sie erkunden es und sagen: Fünf, und zwei Fische. Und er befahl ihnen, daß alle sich hinlegen, Gruppe um Gruppe, auf dem grünen Gras. Und sie ließen sich nieder, Schar um Schar, zu hundert und zu fünfzig. Und er nahm die fünf Brote und die zwei Fische, schaute zum Himmel auf, segnete und teilte die Brote, und er gab sie seinen*

Jüngern, damit sie sie ihnen vorlegten. Auch die Fische verteilte er allen. Und es aßen alle und wurden gesättigt. Und sie trugen Stücke weg, zwölf Körbe voll, auch von den Fischen. Und es waren die, die die Brote gegessen hatten, fünftausend Männer.
Die Vorlage ist in 2 Kön 4,42–44 gegeben: *Einst kam ein Mann von Baal-Schalischa und brachte dem Gottesmann (Elisa) in seinem Brotbeutel Brot aus Erstlingsfrüchten. Es waren zwanzig Brote von Gerste und dazu Jungkorn. Elisa befahl: Gib es den Leuten zu essen. Doch sein Diener erwiderte: Wie soll ich das hundert Leuten vorsetzen? Er aber wiederholte: Gib es den Leuten zu essen. Denn also spricht der Herr: Essen wird man und noch übriglassen. Er setzte es ihnen vor. Sie aßen und ließen noch übrig, wie der Herr gesagt hatte.*
Die Übereinstimmungen mit den Berichten der Evangelien:
a) Im Mittelpunkt steht der Befehl eines Propheten, Menschen zu essen zu geben.
b) Dieser Prophet hat einen Diener bei sich oder – im Falle Jesu – Jünger.
»Diener« und »Jünger« sind nach zeitgenössischem jüdischem Verständnis dadurch ausgezeichnet, daß sie ihrem prophetischen Meister »nachfolgen«.
c) Es wird angegeben, worin die anfängliche Menge an Nahrungsmitteln bestand: In jedem Falle wird die Zahl der Brote und Beikost genannt.
d) Es wird die Zahl der zu speisenden Menschen genannt.
e) Die Diener oder die Jünger, die die Leute speisen sollen, machen durch Einwand geltend, daß die geringe Zahl der Brote nicht ausreicht.
f) Der Befehl zur Speisung wird nach dem Einwand wiederholt.
g) Es wird festgestellt, daß die Menschen satt wurden.
h) Die Menge der Nahrung war sogar überreich: Ausdrücklich wird festgestellt, daß noch etwas übrig blieb.
Besonders auffällig ist, daß im Laufe der Überlieferung dieser Erzählung im Judentum bis hinein ins Neue Testament das Mengenverhältnis zwischen vorhandenen Broten und der Anzahl der Leute immer wunderbarer wird; zeitlich zwischen

dem alttestamentlichen Bericht und den Evangelien sind im Judentum die sogenannten »Prophetenleben« entstanden, in denen der Bericht auch vorkommt[253], nun mit bereits gesteigertem Mengenverhältnis:
2 Könige 4,42–44: 20 Brote – 100 Leute
Prophetenleben: 10 Brote – 100 Leute
Mk 8: 7 Brote – 4000 Leute
Joh 6 und Mk 6: 5 Brote – 5000 Leute
Der Sinn dieser Steigerung besonders in Erzählungen über Jesus ist: Er wirkt wie Elisa, aber mit weitaus größerer Kraft. Grundsätzlich ist er in prophetischen Kategorien zu beurteilen, aber nach dem Prinzip der Überbietung. – Dieser Überbietung dient auch die Verbindung mit dem Seewandel Jesu, eine Verbindung, die selbst im Johannesevangelium besteht (Mk 6,45–52 und Mt 14,22–33 folgen auf die Brotvermehrung; Joh 6,16–21 folgt auf Joh 6,5–15). Nach antikem Verständnis ist aber ein Gehen auf dem Wasser allein Gott möglich. So zeigt das anschließende Gehen auf dem Wasser: der das Brot vermehrt hat, ist kein Zauberer, sondern die in ihm wirkende Kraft kann nur von Gott sein.

»...daß sie ihn zum König machten« (Joh 6,15)

Im Unterschied zu der Erzählung über Elisa hat diese Erzählung ein besonderes Ende: Das Volk will Jesus zum König machen: *Jesus erkannte nun, daß sie im Begriff waren zu kommen und ihn zu entführen, daß sie ihn zum König machten. Er aber entwich wieder auf den Berg, er allein.*
Noch in Joh 6,14 wird Jesus vom Volk als »Prophet« eingestuft; der Titel »König« von Joh 6,15 überbietet diesen Titel und gibt eine andere Richtung an. Diese ist vor allem aus dem zeitgenössischen Verständnis der großen, gratis gewährten Brotstiftungen von Regenten und anderen Einzelpersönlichkeiten an ihr jeweiliges Volk zu erklären.
Besonders bekannt ist dieses von Inschriften her, in denen ein Wohltäter (gr.: *euergetes*) des Volkes gelobt wird.

Der römische Dichter Ovid berichtet folgendes: *Damals, nahe der Stadt, in Bevillae, wohnte eine Anna. Arm und bejahrt, war doch reinlich und emsig die Frau, sie, die leicht um das silberne Haar sich die Binde gewunden, formte mit zitternder Hand ländliche Kuchen dem Volk, diese verteilte noch rauchend sie dann in der Frühe des Morgens unter die Schar, und der Schar war es willkommenes Geschenk. Kaum war Friede in der Stadt, da baut ihr ein dauerndes Denkmal, weil sie den Hungernden einst Hilfe geleistet, das Volk*[254].
Ihr Seitenstück hat diese Erzählung in einer Inschrift aus Kleinasien vom Ende des 2. Jh. n. Chr.: In der Zeit einer großen Kornknappheit hat Atlanta, eine edle Witwe, der Allgemeinheit Korn versprochen und gewährt. Zum Dank wird ihr ein Standbild errichtet[255]. Eine andere Inschrift ehrt einen Wohltäter, der ein Fest und einen Fonds zum Leihen stiftet, von dessen Zinsen an einem bestimmten Tag des Jahres jedem Bürger ein Pfund Brot geschenkt werden soll[256]. Dieses wird als eine »Gabe freundlicher Gunst« (gr.: *dosis eucharistike*) bezeichnet. – Die in der jüdischen Schrift »Testament des Hiob« (1. Jahrh. n. Chr.) genannten Aktivitäten des Hiob erscheinen von diesen Inschriften her in neuem Licht. Hiob ist damit einer von diesen öffentlichen Wohltätern und führt den Titel »König« nicht zu Unrecht[257]. Wie in der letztgenannten Inschrift werden hier Finanzgeschäfte »höherer Ordnung« zu sozialen Zwecken getätigt, näherhin werden Zinsen aus Krediten der Armenfürsorge zugeführt (Test Hiob 10,6; 11,3f). – Wie Hiob die Bedürftigen mit Brot versorgt, geht hervor aus Test Hiob 10,7: *Ich besaß auch fünfzig Backöfen, von denen stellte ich zwölf zur Versorgung des Armentisches bereit*[258].
Von Herodes d. Gr. berichtet Flavius Josephus in den »Jüdischen Altertümern« (ant 15,307–309. 314–316), daß er durch Brotspenden an das Volk in Notzeiten geschickt demonstriert, wie sehr er um das Wohl des Volkes besorgt ist. Dadurch habe er den Haß, der ihn infolge der Mißachtung der jüdischen Gesetze getroffen habe, teilweise zu beheben vermocht. Fürsorge (gr.: *epimeleia*) ist das entscheidende Stichwort dieses Abschnittes.

Auch der Antichrist, der Steine in Brot verwandeln will, tut dieses, um Herrscher sein zu können (vgl. oben unter Teil V), weil er sich so als Retter legitimieren kann.

In der Kaiserzeit handelt es sich bei den Kornverteilungen um das sogenannte Congiarium[259]: eine unentgeltliche Austeilung aufgrund privater Freigebigkeit. Sie erfolgte nicht im Namen des Staates. In späterer Zeit wird daraus eine regelmäßige tägliche Brotverteilung. Wichtig ist, daß seit Caesar allein der Princeps ein solches Recht auf Spenden hat. Denn man will anderen Persönlichkeiten die Möglichkeit nehmen, sich durch solche Spenden beim Volk beliebt zu machen. Genau das aber geschieht in Joh 6: Ein anderer als der römische Kaiser speist die Massen mit Brot, und daraufhin wollen sie ihn zum König machen. Hier wird somit die Furcht bestätigt, die römische Kaiser dazu bewog, die kostenlose Abgabe von Brot(getreide) anderen (potentiellen Rivalen) zu verbieten. Und wenn jemand anderes als der Kaiser Brot verteilte, dann durfte es doch nur im Namen des Kaisers geschehen: der Spender ist immer der Kaiser[260]. Übrigens verteilen so ja auch die Jünger die Brote nur im Namen und Auftrag Jesu. Die Speisungsgeschichten sind in diesem Sinne die einzigen »Auftragswunder« (Mk 6,41: *Er gab seinen Jüngern, damit sie ihnen vorsetzten*).

Joh 6,15 macht daher deutlich, daß ein enger Zusammenhang besteht zwischen der Brotvermehrung und der Hinrichtung Jesu eben als »König der Juden«. Denn die Erzählung von der Speisung des Volkes ist der »geborene Anlaß« dazu, daß Jesus sich als Volkskönig etablieren und den Römern gefährlich werden konnte. Denn nirgends ist es so deutlich wie im JohEv, daß Jesus den Römern »in den Rachen geworfen« wird (Joh 11,5: *Es nützt euch, daß ein einziger Mensch stirbt für das Volk und nicht das ganze Volk zugrunde geht;* 19,12: *Wenn du diesen freiläßt, bist du nicht Freund des Kaisers. Jeder, der sich selbst zum König macht, widerspricht dem Kaiser.* 15: *Wir haben keinen König außer dem Kaiser).* Während in den synoptischen Evangelien die Speisungsgeschichten eher antipharisäisch verstanden werden (vgl. etwa Mk 8,15–21)[261], geht es in Joh 6 um die Diskussion über das Königtum Jesu. Es wird nicht nur Elisa überboten.

Im übrigen läßt sich die Verbindung von Massenspeisung und Königtum auch eindrucksvoll aus der zeitgenössischen Deutung der Gestalt des Joseph ersehen: Von ihm heißt es nämlich: *Und der König Pharao setzte ihn ein als König all des Landes, und er selbst gibt Getreide all dem Lande und errettet es* (gr.: *sozein*) *aus der herankommenden Hungersnot* und: *Er ist König all des Landes Ägyptens und Erretter* (gr.: *soter*) *und Korngeber*[262]. Nicht nur die Verknüpfung von Königstitel und Korngabe ist wichtig, sondern auch die Verbindung mit *retten/Retter* an beiden Stellen, denn das ist bekanntlich eine Bezeichnung, die auch für Jesus nach dem Neuen Testament gilt.

Wir halten daher fest: Die Speisungsgeschichten sind deshalb so wichtig, weil sie nach damaligem Verständnis eine direkte politische Bedeutung hatten. Wer das Volk nämlich auf diese Weise für sich gewinnt, ist Rivale jeder bestehenden Autorität. Der Weg zur Macht führt durch den Magen des Volkes.

Ist die Brotvermehrung wirklich geschehen?

Die moderne Frage, ob dieses auch alles so geschehen sei, wie es dasteht, ist in bestimmtem Sinne unbeantwortbar. Denn mit Sicherheit haben Menschen damals das, was wir als »Wirklichkeit« wahrnehmen, anders erlebt. Und selbst für uns ist es nicht ganz klar, was »wirklich« ist: Wer ist der Partner wirklich? Wie ist es mit der Wirklichkeit von Liebe und Haß? – Anders als R. Bultmann und seine Schüler muß man jedoch sagen, daß solche Erzählungen nicht nur mehr oder weniger willkürliche Illustration irgendeiner Bedeutsamkeit Jesu sind. Und sie sind auch nicht durch die Verbindung mit der Gestalt Jesu ins Wunderbare überhöhte Darstellungen urchristlicher Nachbarschaftshilfe. Dazu sind sie zu aufwendig.

Gerade an den Speisungsgeschichten kann man etwas ganz anderes verdeutlichen:

a) Von den Speisungen wird erzählt gewissermaßen an der Schnittstelle zwischen Jesus als Prophet und Jesus als Wohltäter und König, dort, wo beides zusammenkommt. Es geht um die Eigenart von Jesu Königtum. Daher steht die Frage zur Diskussion, wieweit er Messias ist, nicht mehr und nicht weniger.

b) Zugrunde liegt die Erfahrung »messianischer Fülle« und die Wahrnehmung Jesu als »Wohltäter«, dem deswegen jeder nur erdenkliche Rang gebührt.

c) Gerade bei Joh wird deutlich, daß die ganze Erzählung vom Kreuz her gedacht wird, d.h. vom Konflikt um Jesu Königtum her. Gekreuzigt wurde Jesus als Rivale der römischen Kaiser. Das ganze JohEv versucht die Frage zu beantworten: Inwiefern war er ein solcher Rivale und inwiefern nicht? Welche Züge an Jesus sind wahrhaft königlich – und inwiefern ist sein Reich nicht von dieser Welt?

d) Berichte wie die Speisungserzählungen entstehen daher – unabhängig davon, ob sie »passiert« sind oder nicht – keineswegs nur aufgrund eines einzigen Motivs (etwa: *Illustration der Bedeutsamkeit*), sondern im Schnittpunkt mehrerer und sehr spezifischer, zu einem Großteil auch historisch verifizierbarer Erfahrungen, die so plausibel *geordnet* und in einer Erzählung sinnvoll zugeordnet werden. Zumindest das kann man sagen.

e) Es ist kein Wunder, daß die Speisungsgeschichten die intensivste Wirkungsgeschichte hatten. Denn dasjenige Organ, das nahe dem Herzen liegt, ist der Magen.

Christen aller Zeiten, die um das tägliche Brot zu kämpfen haten, erzählen die Speisungsberichte auch so, daß ihre Not im Evangelium vorkommt. Und die Diskussion um Jesus als Brot des Lebens in Joh 6 zeigt sodann, daß diese Not ganz umfassend, aber nicht vergeistigt wahrgenommen wird. Nicht vergeistigt, damit die knurrenden Mägen nicht fromme Worte übertönen.

Kann und konnte Christentum diese Verheißung einlösen? Man sollte an dieser Stelle einmal nicht nach den Werken der Christen fragen, sondern nach dem Bild von Jesus – wenn es denn wahr ist, daß an der Gestalt unseres Glaubens an ihn alles hängt. Aber dann gilt tatsächlich, daß die Anschauungen über Jesus im Laufe der Kirchengeschichte sehr stark vergeistigt wurden und alle Elemente irdischer und sinnlicher Erfüllung beseitigt und abgedrängt wurden. An den byzantinischen Apokalypsen kann man sehen, wie diese Elemente des jüdischen und frühchristlichen Messiasbildes aus der Christologie ausgegrenzt und einem irdischen Endkaiser (Kaiser am Ende der Geschichte) zugeschrieben wurden[263]. Das wäre unnötig gewesen, hätte die Christenheit immer den ganzen Jesus des Neuen Testaments im Blick behalten. An dem Bild von Jesus, das wir haben, entscheidet sich dann auch unsere Wahrnehmung von Wirklichkeit – inklusive der Nöte des Nächsten. Das hat noch gar nichts mit Handeln zu tun, sondern zuallererst mit einer umfassenden Wahrnehmung. So gilt denn auch im Blick auf unsere Frage nach der Tatsächlichkeit von Wundern: Wer die Wirklichkeit vor allem abstrakt und mit dem Verstand wahrnimmt – wie wir –, der findet auch nur Derartiges in der Bibel. Die Platonisierung (Beurteilung von unstofflichen »Ideen« her) und mönchisch-asketische Vergeistigung des Christentums bis hin zur Reformation wurde in der Folge abgelöst durch eine nicht weniger fragwürdige Beschränkung auf den philosophischen Gehalt[264]; R. Bultmann ist der letzte und einer der glänzendsten Vertreter dieser Epoche. Ein unbefangener Blick auf die Bibel selbst und ihre Weise, Wirklichkeit zu erfahren, könnte uns anderes lehren.

Denn wenn in unserem Bild von Jesus seine Sorge auch um die konkreten Nöte der Menschen wirklich vorkommt, könnte unser ganzes Verhältnis zu Jesus und zum Christentum weniger nur gedanklich und gedankenschwer »problembewußt«, sondern blutvoller und lebendiger werden. Dem Schmecken und Genießenkönnen (was etwas anderes ist als Schwelgerei auf Kosten der Mehrheit) muß deshalb Vorrang vor der Bedenkenträgerei eingeräumt werden, weil die letztgenannte immer nur von Sollen, Müssen und Nicht-Dürfen ausgehen kann, daher ohne (auch ohne religiöse) Faszination bleibt.

Daß das wenige Brot sich durch Teilen und Austeilen unglaublich mehrt, weist aber auch auf etwas anderes: Materielles wird durch Teilen weniger, Leben dagegen sowie Geist, Freude,

Liebe und heiliger Geist werden durch Teilen und Austeilen gemehrt. In den Speisungsgeschichten wird das Brot als das Zeichen des von Gott kommenden Lebens »hineingerissen« in dieses Grundgesetz alles Lebens, das Brot wird hier transparent für diesen Grundvorgang des Lebendigen. Es bleibt Materie und wird doch Gefäß des Wirkens Gottes. Es geht hier um ein anderes, neues Verständnis von Materie.

VII Abendmahlsbrot

Der Ablauf des gewöhnlichen jüdischen Mahles

Das gewöhnliche jüdische Mahl hat folgende Teile:

A Vorkost (Vortisch) im Vorzimmer
Dieses ist noch nicht das eigentliche Mahl, hier besteht noch keine Tischgemeinschaft. Daher spricht jeder einzelne Gast für sich über den Becher gereichten Weins den Segen *(Gesegnet du, Herr unser Gott, König der Welt, der die Frucht des Weinstocks schafft);* gereicht werden zwei bis drei Vorgerichte (Grünkraut, d. h. auch Salat, eingelegte Fische und Hühner). – Zu Beginn: Wasser zum Handabspülen wird gereicht.

B Die eigentliche Mahlzeit im Speisezimmer:
(Abspülen und Abtrocknen beider Hände geht voraus.)
Beginn: Der Gastgeber spricht den Segen über das Brot *(Gesegnet, Herr unser Gott, König der Welt, der Brot aus der Erde hervorgehen läßt).* Antwort aller: *Amen.*
Der Gastgeber zerteilt dann das Brot und reicht jedem, er ißt als erster.
Mit diesem anfänglichen Brot-Segen sind auch alle Zukostgaben zum Brot mitgesegnet; was dagegen nicht Zukost ist, wie etwa Gemüse, bedarf dann eines besonderen Segens.
Der Gastgeber kostet auch als erster von jedem einzelnen Gericht: Er nimmt dazu ein Brotstück in die Hand und nimmt damit etwas. Die Brotstücke sind das einzige Eßwerkzeug.
Gastgeber: Lobspruch über den ersten Becher Wein; über jeden folgenden Becher spricht jeder einzelne Gast seinen Spruch für sich.

Gegen Ende des eigentlichen Mahles: ein ganzes Brot und Hülsenfrüchte werden hereingetragen.
Dann: Abspülen der Hände und Reinigung des Speisesaales.
Gastgeber: Tischdankgebet; nach einer Aufforderung zum Beten hebt der Gastgeber seinen Becher eine Handbreit hoch über den Tisch und spricht das Dankgebet. – Zur Zeit der Mischnah und der Talmudim besteht dieses Gebet aus vier einzelnen Benediktionen (Segenssprüchen); so umfänglich war der Text zu neutestamentlicher Zeit wohl nicht.

C Nachtisch
Gereicht werden Wein, Geröstetes, Süßspeisen.
Für die neutestamentlichen Mahlberichte sind vor allem wichtig: der Segen des Gastgebers über das Brot zu Beginn und das Tischdankgebet mit dem erhobenen Becher am Ende. Sie markieren indes nur die Stationen, anläßlich derer die Deuteworte zu Brot und Becher gesprochen wurden. Diese Deuteworte sind aber nicht mit dem jeweiligen Segen identisch.
Nach 1 Kor 11,24 hat Jesus beim Mahl zunächst das Dankgebet über das Brot gesprochen (*Er nahm das Brot und dankte...;* der Wortlaut des Dankes/Segensgebetes ist nicht überliefert) und hat dann beim Austeilen des Brotes (also dem nächsten Akt) gesagt: *Das ist mein Leib.* Auch das völlig ordnungsgemäß *nach dem Mahl* in 1 Kor 11,25 überlieferte Wort *Dieser Becher ist der Neue Bund...* ersetzte nicht das Dankgebet, sondern war ein Wort beim Austeilen.
Es kann nun sein, daß Markus und Matthäus, da sie zwischen Brotwort und Kelchwort – im Unterschied zu Paulus in 1 Kor 11 – nichts von einem Mahl berichten (Mk 14,22–24; Mt 26,26–28), nicht das oben erwähnte Tischdankgebet am Ende der Mahlzeit als Ort des Deutewortes zum Kelch ansahen, sondern den ersten Becher der Hauptmahlzeit.
Lukas folgt mit seiner Voranstellung des Becherwortes am ehesten der besonderen Ordnung des jüdischen Passahmahles (alle anderen Berichterstatter, Paulus wie Markus und Matthäus, setzen demnach das gewöhnliche jüdische Mahl voraus). Der

sog. lukanische Langtext (Luk 22,17–20: Kelchwort – Brotwort – Kelchwort) spiegelt die Abfolge von zweitem Becher, Segen über dem Brot und drittem Becher beim jüdischen Passahmahl. (Der erste Becher beim Passahmahl gehörte zur Vorspeise.)
Wir fassen die Übersicht über die Abendmahlsberichte zusammen:
1 Kor 11: Jesus deutet das Austeilen am Anfang (Brot) und am Ende (Wein) der Mahlzeit.
Mk und Mt: Jesus deutet das Austeilen von Brot zu Anfang und dann des ersten Bechers (Wein) zu Beginn der Mahlzeit. Über beidem sprach der Gastgeber den Segen.
Lk: Im Rahmen des eigentlichen Mahls einer Passahfeier[265] sagt Jesus etwas zum 2. Becher, zum Austeilen des Mazzen und zum 3. Becher.
In jedem Falle gilt: Kommentierende Worte beim Austeilen (Deuteworte) selbst sind sonst nicht überliefert. Sie wären denkbar gewesen, aber zumindest die Tatsache, daß sie überliefert und festgehalten werden, ist Zeichen einer Besonderheit. Ebenso ist eine Besonderheit, daß nach Mk 14,23; Mt 26,27 alle aus dem einen Becher trinken, über dem Jesus den Segen gesprochen hat. Üblicherweise wird nur das Brot verteilt; den Becher hat jeder selbst[266]. Bei Markus und Matthäus wird mit dieser Änderung der besondere, gemeinschaftstiftende Charakter des von Jesus gereichten Bechers angedeutet.

Das Deutewort

Jesus ist in seinem Jüngerkreis wie der Hausvater (Gastgeber). Daher spricht er den Segen über das Brot zu Beginn der eigentlichen Mahlzeit, teilt und verteilt (letzteres nicht bei Paulus) das Brot. Soweit ist alles jüdischer Brauch bei jedem Mahl. Neu ist, daß Jesus das Brot in den Händen seiner Jünger mit sich selbst identifiziert. Denn die Aussage *Das ist mein Leib* heißt: das bin ich. Der »Leib« steht hier für die ganze Person. Die Aussage *Das ist mein Leib* nennt man »Deutewort«. Die schlichteste und am wenigsten überfrachtende Auslegung ist wohl diese: So wie das Brot den Jüngern ausgeteilt wurde, so ist Jesus für die Jünger da. So wie das Brot die elementarste Grundlage des Lebens ist, so ist Jesus selbst Leben für sie. Daher scheint mir ein Satz des Johannesevangeliums die beste Verdeutlichung zu sein: Er ist »Brot für das Leben der Welt« (vgl. Joh 6,51). – Der Vergleichspunkt zwischen Jesus und Brot, das, worin beide übereinstimmen, ist dies: Für andere unersetzliche Basis des Lebens sein.

Jeder Hunger ist Hunger nach Leben. Und der Hunger des Lebens nach mehr Leben ist unersättlich. Nichts anderes ist das gemeinsame Thema der ganzen Bibel: Leben vom Gott des Lebens. Daher ist verständlich, daß sich Gottes Repräsentant unter den Menschen mit dem Brot, das traditionell für Leben steht, vergleicht.

Während das Deutewort zum Brot in Mk 14,22 und in Mt 26,26 lautet: *Das ist mein Leib,* heißt es bei Paulus in 1 Kor 11,24: *Das ist mein Leib für euch.* Aber auch in dieser paulinischen Fassung ist dabei nicht an den Tod Jesu gedacht, sondern nur eben daran, daß Jesus für die Jünger Leben ist, ihnen ganz und gar dient, wie das Brot ihnen dient; daher: »für euch«. Auch wenn es in der Fassung bei Lukas heißt: *Das ist mein Leib, für euch gegeben,* so ist das »gegeben« nicht gleichbedeutend mit »hingegeben im Tod«, vielmehr hat Jesus den Jüngern das Brot gegeben (Lk 22,19: *und er gab es ihnen und sagte...*), und der Vergleichspunkt zwischen Brot und Jesus wird hier ausdrücklich gemacht: wie den Jüngern das Brot gegeben wurde, damit es für sie sei, gerade so ist ihnen Jesus gegeben und geschenkt. Ich denke daher, daß in keiner neutestamentlichen Fassung der Deuteworte der Leib Jesu mit seinem Tod verbunden wird. Das Brotwort blickt zurück auf das ganze Leben Jesu, erst das Becherwort blickt voraus auf den Tod. Daher ist auch der Ausblick auf das Wiederkommen des Herrn in 1 Kor 11,26 *(Denn jedesmal, wenn ihr dieses Brot eßt und den Becher trinkt, verkündet ihr den Tod des Herrn, bis daß er kommt)* zuerst auf den neuen Bund bezogen: Das Mahl proklamiert deshalb den

Tod des Herrn, weil es beim Becherwort auf den Neuen Bund bezogen ist, und der kam durch den Tod des Herrn zustande. Daß das Abendmahlsbrot nicht auf Jesu Tod bezogen werden kann, hat eine gewisse Entsprechung darin, daß auch die Taufe (z. B. dort, wo sie »auf den Namen« geschieht, noch nicht durchgehend mit Jesu Tod in Verbindung gebracht wurde (wohl aber dann z. B. in Röm 6,3–10).

Was bewirkt das Essen des gesegneten Brotes?

Hätte das Mahl der Eucharistie, das die Korinther feiern, nur eine rein lehrhafte Bedeutung, ginge es nur darum, durch eine Zeichenhandlung sich daran zu erinnern, wer Jesus war, dann wäre die Frage nach der Wirkung des Mahls nicht statthaft. Doch die Texte weisen in eine andere Richtung. Die Antwort auf die gestellte Frage ist nämlich eindeutig: das Essen des Abendmahlsbrotes beim gemeinsamen Mahl (natürlich nur dort) bewirkt Gemeinschaft mit dem Herrn Jesus Christus selbst. Paulus sagt es so in 1 Kor 10,16: *Das Brot, das wir teilen, ist es nicht Gemeinschaft des Leibes des Christus?* Wie aber soll diese Gemeinschaft näherhin zustandekommen? Wie kann man sich das buchstäblich vorstellen?
Am Gegenbild kann man sehr viel deutlicher zeigen, wie Paulus konkret zu verstehen ist: Nach 1 Kor 10,20f bewirkt das Essen von Götzenopferfleisch, daß man Genosse der Dämonen wird, weil man gewissermaßen an ihrem Tisch teilhat: *Aber was sie opfern, das opfern sie Dämonen und nicht Gott. Ich will aber nicht, daß ihr Teilhaber der Dämonen werdet. Nicht könnt ihr den Becher des Herrn trinken und den Becher von Dämonen, nicht könnt ihr am Tisch des Herrn teilhaben und am Tisch der Dämonen.* – Zum Verständnis vorauszusetzen ist, daß die heidnischen Götter von Juden, wie Paulus einer ist, als Dämonen angesehen wurden. Fleisch aber gab es fast nur als Götzenopferfleisch, und zwar deshalb, weil die zu schlachtenden Tiere den Göttern durch Abgabe eines Teils zugeeignet wurden[267].

Brot wurde durch Götzenstempel, z.T. mit den Namen der Götter, zum Götzenbrot[268].

Da wir darüber relativ genau informiert sind, gilt Entsprechendes auch vom Brot des Abendmahles:

Durch das Abendmahlsbrot kommt deshalb Gemeinschaft mit Gott und Jesus Christus zustande, weil darüber der Segen dieses Gottes gesprochen wurde. Auch hier gibt es also, ähnlich wie beim Vollzug der altchristlichen Abendmahlsfeiern, eindeutige Hinweise dafür, daß die entscheidende Wirkung des Abendmahls nicht durch das Rezitieren der Wandlungsworte geschieht, sondern weil der Name Gottes (und Jesu Christi) über dem Mahl angerufen ist. Dadurch wird, wie wir oben sahen, das Brot dem profanen Gebrauch entzogen und geheiligt. Die Besonderheit des Abendmahles ist das Gedenken an Jesus Christus dabei. Dadurch wird es speziell Gemeinschaft mit ihm. Die Gemeinschaft kommt besonders deswegen zustande, weil man mit dem Gemeinschaft hat, dessen Brot man ißt. Wenn aber Gott durch den Brotsegen zum Eigentümer des Brotes erklärt und als solcher anerkannt wird, dann bedeutet es, Gemeinschaft mit Gott zu haben, wenn sein Eigentum an der Nahrung festgestellt ist. Grundvoraussetzung ist: Ich habe mit dem Gemeinschaft, dessen Brot ich esse. Diese Auffassung kommt in negativer Formulierung etwa in Testament des Hiob (jüd.-hell. Schrift, 1.Jh. n.Chr.) zum Ausdruck, wo Hiob dem um Brot bettelnden Teufel sagen läßt: *Erwarte für dich nicht noch mehr Brot von mir, denn du hast nichts mit mir zu schaffen... Das sagt mein Herr: Du wirst nie mehr von meinem Brot essen, denn ich habe nichts mit dir zu schaffen*[269].

Jedes jüdische Mahl war daher Tischgemeinschaft mit dem jüdischen Gott, wenn und weil der Tischsegen gesprochen wurde. Belegt wird das durch eine Anspielung auf das normale jüdische Gastmahl in der jüdischen Schrift »Joseph und Aseneth«. Die noch heidnische Aseneth darf aus folgendem Grund Joseph nicht küssen: *...mit seinem Mund segnet er den lebendigen Gott, und er ißt gesegnetes Lebensbrot, und er trinkt den gesegneten Kelch der Unsterblichkeit...*[270]. Immer wieder ist hier vom »Brot des Lebens« oder vom »gesegneten Brot des Lebens«[271] die Rede, und das bedeutet wohl schlicht das jüdische Mahl.

Hier geht es um normale jüdische Mahlzeiten und deren Bezug zum jüdischen Gott.

Das heidnische Mahl war – in der Auffassung des Paulus und des Verfassers der Schrift Joseph und Aseneth – als Gegenbild dazu Tischgemeinschaft mit den heidnischen Göttern. Für hellenistische Juden wurde das nicht nur durch das den Götzen geweihte Fleisch, sondern auch besonders deutlich an der heidnischen Sitte des Trankopfers; daher heißt es in der zitierten Schrift an derselben Stelle 8,5 von Aseneth: *Sie trinkt von ihrem Trankopfer den Kelch des Hinterhalts*[272].

Daraus wird deutlich: Zu Gott Gehörige und Heiden unterscheiden sich nach Auffassung des Paulus und des Verfassers der Schrift Joseph und Aseneth vor allem durch das Mahl. »Das Mahl ist der entscheidende Punkt, an dem jüdische und nichtjüdische Identität sichtbar werden... im Mahl stellt sich jeweils die Gruppe als solche dar«[273].

Und was allgemein vom jüdischen und heidnischen Mahl gilt, wird nun noch einmal für das christliche Mahl erneuert: Sein Charakter als Herrenmahl kommt dadurch zustande, daß in den Segensworten Jesu gedacht wird. Es ist die Kraft des beim Segen genannten Namens, die hier wirkt. So kommt eine dynamische Gegenwart Gottes und des Herrn zustande, denn die Anrufung des Namens bedeutet, daß alle und alles Gottes und des Herrn Eigentum ist und unter seinem Schutz stehen.

Damit aber stoßen wir überraschend auf eine grundlegende Gemeinsamkeit mit der Taufe: Denn auch bei der typisch christlichen Taufe geht es, und zwar im Unterschied zur Johannestaufe, um die Taufe »auf den Namen« (entweder »auf den Namen Jesu« oder »auf den Namen des Vaters und des Sohnes und des Heiligen Geistes«). Auch bei der Taufe ist also die Anrufung des Namens bei einem zeichenhaften Vorgang (hier: Waschen, bzw. Untertauchen) entscheidend. Und auch bei der Taufe geht es ganz genauso um Herstellung von Gemeinschaft.

Daher stehen Taufe und Abendmahl noch nebeneinander und gewissermaßen in Konkurrenz[274]. Erst im Laufe der Zeit wird festgelegt, daß die Taufe Vorrang hat und daß entsprechend nur Getaufte zum Abendmahl zugelassen sind. Ende des 1. Jahrh. n. Chr. sagt die christliche Lehrschrift »Didache« in 9,5: *Niemand soll von eurer Eucharistie essen noch trinken als die auf den Namen des Herrn Getauften.* Das war vielleicht nicht immer so. Als wichtiges Ergebnis können wir festhalten: Beide Sakramente, Taufe und Abendmahl, sind geradezu herzuleiten aus der alttestamentlichen und jüdischen Vorstellung von der unfehlbaren Wirkkraft des Namens Gottes, der im Segen angerufen und benannt wird. In beiden Fällen geschieht das angesichts einer Zeichenhandlung (Waschen oder Essen und Trinken). Diese Zeichenhandlung unterscheidet das, was wir dann »Sakrament« nennen, vom »normalen« Segen und hat – eben als sichtbares Zeichen – enorme soziale Konsequenzen wie etwa dauerhafte Zugehörigkeit zur Gemeinde oder Verbundenheit zum »einen Leib« in 1 Kor 10f.

VIII Brot in der Diakonie

Bereits in Teil VI haben wir eine Art der öffentlichen Wohltätigkeit kennengelernt, nämlich die von Einzelpersonen ausgehende, die zugleich große Teile der Bevölkerung betraf (Stiftungen der Wohltäter, oft zu politischen Zwecken). Daneben gibt es jedoch noch drei wichtige Formen der Sorge um die Bedürftigen:
a) die seit Urzeiten bekannte und geübte Gabe von einzelnen an einzelne;
b) die von der christlichen Gemeinde im ganzen (besonders durch Bischöfe und Diakone) geübte regelrechte Diakonie;
c) die Abgabe von gesegneten Broten (sog. Eulogien) aus dem gottesdienstlichen Mahl (Agape).
In allen Fällen aber ist Brot die spezifische Gabe an den Bedürftigen. Besonders Kleinbrote aus ungesiebtem Mehl (gr.: *pyrnon*) sind Gaben an die Bettler[275].
Erläutert wird das durch Sentenzen, die allgemeine Erfahrung und Praxis widerspiegeln: So heißt es: *Man gibt nicht eine Perle einem Bettler, sondern Brot und Geld wird üblicherweise empfangen*[276], oder: *Wenn du von ganzem Herzen dein Brot dem Hungrigen gibst, ist das Geschenk klein, aber die Bereitschaft ist groß mit Gott*[277].
Der unter a) genannte Fall wird in der jüdisch-hellenistischen Schrift »Testament des Hiob«, Kap. VII ausführlich geschildert: Der Teufel kommt zu Hiobs Torwärterin, um, von dieser unerkannt, Brot zu erbetteln. Hiob dagegen erkennt ihn, *und ich gab der Magd ein verbranntes Brot für ihn und ließ ihm sagen: Erwarte für dich nicht noch mehr Brot von mir, denn du hast nichts mit mir zu schaffen. – Da sie nicht wußte, daß es der Satan war, nahm sie von ihren eigenen ein gutes Brot und gab es ihm.*

Der aber nahm es. Und da er wußte, was geschehen war, sprach er zu der Magd: Geh, schlechte Dienerin, hole das Brot, das man dir für mich gab. Und die Magd weinte bitterlich und sprach: Wahrlich mit Recht nennst du mich eine schlechte Dienerin... Und sie ging hinweg, brachte ihm das verbrannte Brot und sprach zu ihm: Das sagt mein Herr: Du wirst nie mehr von meinem Brot essen, denn ich habe nichts mit dir zu schaffen. Eben habe ich dir dieses Brot auch nur gegeben, damit man mir nicht vorwirft, ich hätte dem bittenden Feind nichts angeboten. Als der Satan dies hörte, schickte er die Magd wieder zu mir zurück und ließ sie sagen: Wie dies Brot völlig verbrannt ist, ebenso will ich auch deinen Leib machen[278]. – Der Text ist aufschlußreich für die Praxis, wie man lästige Bettler loswurde, ohne das Gesicht zu verlieren: Man gab ihnen verbranntes Brot. Wichtig ist auch die aus dem Text erkennbare Gleichung: jemandes Brot essen bedeutet, Gemeinschaft mit ihm zu haben. Schließlich ist der Text ein weiterer Beleg für die Gleichsetzung von Brotherstellung und Martyrium.

Ganz schlicht wird die private, an der Gabe des Brotes orientierte Praxis erläutert an Testament Issachar 7,5. Der Patriarch sagt dort von sich: *Mit jedem betrübten Menschen seufzte ich und den Armen gab ich mein Brot ab. Ich aß nicht allein*[279].

Bezüglich der unter b) genannten Diakonie kann man sagen: Über die Institution der öffentlichen Brotverteilung ist die Kirche in die Aufgaben des römischen Staates[280] hineingewachsen. Sie verdankt diese Stellung primär der Diakonie. Dabei gilt mit H. Bolkestein, daß die öffentlichen Kornausteilungen immer für alle Bürger bestimmt waren, nicht nur für die Armen, denn das Korn gehörte allen. Es handelte sich dem Ursprung nach daher nicht um Armenpflege.

Aber schon in der vorkonstantinischen Zeit galt: Die Kirche half den Bedürftigen mehr als der Staat, was nicht unwesentlich zur Zunahme der Mitgliederzahl beigetragen hat[281].

Über die religiöse Bedeutung der Brotverteilung finden wir in den Sprüchen der Mönchsväter unter dem Namen des Heiligen Epiphanius folgenden Satz: *Gott verkauft seine Gerechtigkeiten denen, die sie kaufen wollen, billig: um ein kleines Stücklein Brot, ein schlichtes Gewand, einen kühlen Trunk, einen Pfennig*[282]. Das Wort »Gerechtigkeiten« ist hier ganz im biblischen Sinn gedacht als die Summe dessen, was Gott den Menschen zukommen läßt, damit sie in Gemeinschaft mit ihm stehen können.

IX Schlußwort

In der Botschaft Jesu wird in einem bis dahin nicht gekannten Ausmaß die gesamte Welt des Alltagslebens und der alltäglichen Kleinigkeiten und Unscheinbarkeiten für die Gottesbegegnung entdeckt. Auf einem ganz anderen Feld wird das gleichfalls sichtbar: In den Gleichnissen Jesu wird dieselbe Alltagswelt verfremdet wiederentdeckt und zum Bild für das unaussagbare Geheimnis Gottes. Aber diese Welt ist nicht nur Bild, sondern in ihr und nirgends sonst ist Gott zum Greifen nahe gekommen. Aus diesem Grund heißt es in Mk 9,41: *Denn wer euch zu trinken gibt einen Becher Wasser mit Rücksicht darauf, daß ihr zu Christus gehört, Amen, ich sage euch: er wird seinen Lohn nicht verlieren.* Aus demselben Grunde liegt gewaltig viel daran, einen der unscheinbaren Mitchristen, die deshalb die »Kleinen« heißen, nicht durch Unbedachtsamkeit irre zu machen. Und wenn der Richter im Weltgericht, der Menschensohn, sagt, daß man in jedem Hungernden und Dürstenden ihm selbst begegnet ist (Mt 25,31–46), dann vermittelt der im Evangelium sprechende Jesus glücklicherweise jetzt schon, was erst im Gericht offenbar werden wird: daß in jedem Bettler der Menschensohn selbst begegnet.
Das alles ist die Folge der »Nähe« Gottes, von der Jesus spricht. Wenn jedes Tun mit Geringem und gegenüber Geringen bedeutungsvoll wird, wie dann erst das mit großen Gaben! Gott ist den Menschen so nahe gerückt, daß die Fassade der Alltagswelt dünn geworden ist, daß er gewissermaßen jeden Augenblick daraus hervorbrechen kann. Die Evangelien machen deutlich, daß dieses als Segen wie auch als Gericht sich auswirken kann.
Wenn der Hungrige nicht mehr nur ein armer Schlucker ist, der Durstige nicht mehr nur irgendwer, sondern wenn wir in ihm

direkt auf Gott stoßen wie auf eine in ihm verborgene Sonne, die versengen oder Leben geben kann, dann hat das auch Konsequenzen für das Brot.

Denn ein Stück Brot ist das Geringste, Alltäglichste und zugleich das zum Leben elementar Notwendige. Die Einschätzung des Brotes durch die frühen Christen insgesamt zeigt dieses: Die Wirklichkeit des heiligen Gottes ist gerade dort zu finden und nicht hinter den Wolken. Und daher kann Jesus sagen: Ich bin das Brot. Der Gott des Neuen Testaments ist keiner, der auf Feiertage oder gar auf das Jenseits beschränkt bliebe; wenn er nicht hier und jetzt im Alltag »vorkommt«, dort, wo Leben entsteht und geschenkt wird, dort, wo wir allzuoft Leben vernichten wollen, dann kommt er gar nicht vor. Bei den »geringsten Brüdern« geht es um den Menschensohn, beim geringsten Stück Brot um Gnade des Lebens und um eine Möglichkeit, Liebe zu üben und die Verheißung des Lebens zu erlangen.

Nach einem berühmten jüdischen Satz kann jede Sekunde zum Tor für den Messias werden. Auf das Verhältnis der frühen Christen zum Brot angewandt hieße dieses: Daß wir Brot so nötig brauchen, zeigt uns, wie abhängig wir sind. Aber jedes Stück Brot kann Erfahrung der Nähe Gottes werden: wenn wir es schmecken und genießen, so ist vor allem dieses Gnade Gottes, Berührtwerden von Gottes Hand. Wenn wir es teilen und verteilen, so ist vor allem dieses Gott selbst als die Liebe. Mit jedem Stück Brot, darin, wie wir es genießen und wie wir es teilen, entscheidet sich Gottes Reich.

Wenn Jesus das »Brot des Lebens« genannt wird, dann wird darin die Gabe des Schöpfers bis zum äußersten intensiviert. Die Schöpfung wird zu Ende geführt. Gott kommt mit seinem durch die Vertreibung aus dem Paradies unterbrochenen Vorsatz zum Ziel, Leben zu geben und damit sich selbst. – Ein unbestätigter Ausspruch (auf die Frage, wie Gott sei) eines bekannten deutschen Theologen (Ernst Fuchs) lautet: »Gott ist wie eine Kartoffel.« Das soll wohl heißen: Eine Saatkartoffel gibt sich aus, um vervielfältigt zu existieren. Gottes Ziel ist, die Kreatur zu vergotten. – In ähnlichem Sinne gilt auch: Gott ist wie Brot.

Und wenn schließlich die alten (und manche neuere) Abendmahlsliturgien den Heiligen Geist auf Brot und Wein herabrufen, dann heißt das: »In der Macht des Geistes wird in den Geschöpfen die Freude am gültigen, am befreiten und befreienden Leben geweckt«[283].

Anmerkungen

1 Sibyllinische Orakel 3, 619–622.
2 Sibyllinische Orakel 3, 744f.
3 N. Jasny, (1950) 229
4 N. Jasny, (1950) 244
5 Vgl. dazu: W. A. Becker, Charikles I, Leipzig 1840, S. 417. – Anders: Forbes, S. 31
6 Origenes, Rede 37
7 J. Brehm, ThWNT II 687 (Belege aus dem Alten Testament)
8 Vgl. M. Krause, K. Rudolph, Die Gnosis II: Koptische und mandäische Quellen, Stuttgart 1971, S. 129 (»Exegese über die Seele«)
9 Cyrill von Jerusalem, Katechesen 6,32: »Der Manichäer nimmt das Brot in die Hände... und sagt dabei zum Brot: Ich habe dich nicht gemacht.«
10 Übersetzt nach der lat. Fassung bei W. Meyer, Via Adae et Evae. Eine deutsche Übersetzung auch bei P. Rießler, Altjüdisches Schrifttum außerhalb der Bibel, 1928, 2. Aufl. 1966, S. 668. – Das Leben Adams und Evas ist zwischen dem 2. Jh. v. Chr. und dem 1. Jh. n. Chr. zu datieren.
11 A. Dillmann, Das christliche Adambuch des Morgenlandes, in: Jahrbuch d. Bibl. Wiss. 5, Nr. 24. – Das Buch verarbeitet ältere jüdische Legenden und ist nicht älter als aus dem 5. Jh. n. Chr.
12 Bauer-Aland, Wörterbuch zum Neuen Testament, 6. Aufl. 1988, Sp. 995
13 Übersetzung nach H.-M. Schenke, in: W. Schneemelcher (Hrsg.), Neutestamentliche Apokryphen, 5. Aufl., I Die Evangelien, Tübingen 1987, 156f. – Nach Schenke enthält das Evangelium des Philippus Lehren des Valentin und ist noch ins 2. Jahrh. n. Chr. zu datieren (ebendort S. 151).
14 So kennt die Fronleichnamsliturgie wiederholt den Satz: »Das Brot der Engel aß der Mensch.«
15 Übersetzung nach W. Schneemelcher, Bartholomäusevangelium, in: W. Schneemelcher (Hrsg.), Neutestamentliche Apokryphen, 5. Aufl. I Evangelien, Tübingen 1987, 430f.
16 Ähnlich kennt auch das hellenistische Judentum eine visionäre Honigkommunion der Aseneth nach der apokryphen Schrift »Joseph und Aseneth« (vgl. die ältere Übersetzung bei P. Rießler, Altjüdisches Schrifttum außerhalb der Bibel).
17 Vgl. H.-M. Schenke, Die Taten des Petrus und der zwölf Apostel, in: W. Schneemelcher (Hrsg.), Neutestamentliche Apokryphen, 5. Auflage, Tübingen, 1989 II: Apostolisches, Apokalypsen und Verwandtes, 377. – Datierung: 2. bis Anfang 3. Jh.

18 F. Orth, Art. Getreide, Sp. 1343
19 EsraApk (griech) 5,12–13 nach der Übersetzung von U. B. Müller
20 F. Orth, Art. Getreide, Sp. 1345. – Der in Mt 13 genannte Lolch entsteht nach Theophrast, Geschichte der Pflanzen 8,3 aus entartetem Weizen oder Gerste.
21 U. Luz, Das Evangelium nach Matthäus, 2. Teilband Mt 8–17, Zürich, Braunschweig, Neukirchen 1990, 324.
22 Pirqe R. Eliezer 33, zitiert nach C. Farina, Die Leiblichkeit der Auferstandenen. Ein Beitrag zur Analyse des paulinischen Gedankengangs in 1 Kor 15,35–38, Diss. theol. Würzburg 1971, 53–66. – Ganz ähnlich ist b Kethubot 111b »Ferner sagte R. Hija b Joseph: Dereinst werden die Frommen mit ihren Gewändern auferstehen. Dies ist durch einen Schluß vom Leichteren auf das Schwerere, von einem Weizenkorn zu folgern: wenn ein Weizenkorn, das nackt begraben wird, mit vielen Gewändern hervorkommt, um wieviel mehr die Frommen, die in ihren Gewändern begraben werden.«
23 b Sanh 90b nach L. Goldschmidt, Der babylonische Talmud Bd. IX, S. 31.
24 Midr Koh r zu 5,10: Der Samaritaner fragte: Wie werden sie (vom Grab her) kommen, nackt oder bekleidet? Er antwortete: Bekleidet. Wie kannst du mir das beweisen? fragte er. Er antwortete: Nicht von der Schrift her, auch nicht von der Mischnah her, aber vom alltäglichen Leben her will ich dir antworten. Hast du je Bohnen gesät? Wie hast du sie gesät, nackt oder bekleidet? – Bekleidet. Wie kommen sie hervor, bekleidet oder nackt? – Bekleidet. R. Meir sagte zu ihm: Hören deine Ohren nicht, was dein Mund spricht? Wenn Bohnen, wenn man sie nackt sät, bekleidet hervorkommen, wieviel mehr werden die Toten, die bekleidet weggehen, bekleidet zurückkehren.
25 Epiktet, Diss IV 8,36
26 Vgl. K. Berger, C. Colpe, Religionsgeschichtliches Textbuch zum Neuen Testament, Göttingen 1987, S. 174f Nr. 306 (Origenes, Kommentar zu Ezechiel VIII 14), dort auch weitere Texte.
27 Vgl. A. Dillmann, Das äthiopische Adambuch des Morgenlandes, S. 59f.
28 So sagt Gott auf das Opfer Adams und Evas hin: »Wie ihr dieses Opfer gemacht und mir dargebracht habt, so werde ich mein Fleisch zurichten, wenn ich auf die Erde kommen und euch erlösen werde... und Gott schickte Feuer aus der Lichtwelt auf das Opfer Adams, und es ward voll Klarheit, Schönheit und Licht. Und es war der heilige Geist, der auf das Opfer herabkam« (ibid., 60). Daraus werden dann Mittwoch, Freitag und Sonntag als Tage der Feier des Abendmahls hergeleitet.
29 Vgl. CD 10,21. – Die Forschung zitiert hier öfter das Jubiläenbuch (schon 135 v.Chr.) 50,12: »Und auch der, der einen Weg geht... soll sterben«, vgl. dazu auch 50,8 (»der beredet, daß er an ihm eine Reise machen werde«); vgl. auch Clem Recog IX 28,6 »iter agere«.
30 Vgl. die Belege bei B. Murmelstein, Jesu Gang durch die Saatfelder, in: Angelos 3 (1930) 111–120.
31 Das ist eben nicht, wie man oft annahm, Widerspiegelung der Tatsache, daß hier in Gestalt der Jünger die spätere Gemeinde am Werk sei.
32 Zur »Mentalität« vgl. die Verfluchung des Feigenbaums Mk 11,12f: Der Feigenbaum, der von der Jahreszeit her gesehen gar nicht liefern konnte, wird verflucht, weil er als »Hoflieferant« nicht zu dienen in der Lage war.

33 Mk 2,27 ist ohne Parallele bei Mt und Lk, und es besteht die Möglichkeit, daß der Vers die ursprüngliche Ausrichtung auf den Menschensohn in einer späteren Mk-Fassung, als die Mt und Lk vorlag, bereits auf eine allgemeinere Aktualisierung hin korrigiert.
34 M. A. Rihbany, Morgenländische Sitten im Leben Jesu, Basel, 3. Aufl. 1927, 123 f.
35 Vgl. dazu K. Koch, Art. Schaubrote, in: BHH III 1688.
36 Slavisches Henochbuch (1. Jh. n. Chr.), Längere Rezension 45,3–4 (Übersetzung G. N. Bonwetsch)
37 Mischnah, Traktat Maaserot IV 5ab (nach Übersetzung und Edition von W. Bunte).
38 W. Bunte, Zabim (Die Mischna VI 9), Berlin 1958, S. 49
39 S. Krauss, Talmudische Archäologie I, Leipzig 1910, 96 f.
40 Seneca, Epistulae Morales 90,23
41 Vgl. dazu: K. Büchner, P. Vergilius Marco, Moretum, in: PWRE II/15 (= VIII A 1), Stuttgart 1955, 1169–1177. Auch: H. Blümner, Technologie und Terminologie der Gewerbe, 2. Aufl. 1912, 1. Abschnitt: Diskrepanz zwischen Moretum und Vergil.
42 Übers. nach D. Baatz (1984) 34.
43 Anthologia Palatina IX 418 (S. 97)
44 S. Krauss, Talmudische Archäologie I, 1910, 451.
45 M. Thilo. Fünftausend Sprichwörter aus Palästina aus dem Arabischen übersetzt (Mitteilungen der Ausland-Hochschule an der Universität Berlin, Beitrag zum Jahrgang 40), Berlin 1937, Nr. 691 S. 36.
46 b Kethubot 59b
47 J. Rogge, Art. Mühle, 1964, 1247.
48 »Zur Handmühle stellen sich auch zwei Frauen auf, eine einwärts, die andere auswärts, resp. beide inmitten...« (S. Krauss, Talmudische Archäologie I, 1910, 451) mit Berufung auf Tosefta Nidda 7,3 (649,1 Bar b 60b) (vgl. den Text in der folgenden Anmerkung)
49 S. Krauss, Talmudische Archäologie I, 1910, S. 451 A 273 unter Berufung auf M Zabim 3,2.
50 Mischna Zabim 3,2c Ed. W. Bunte, S. 49.
51 Tosefta Nidda 7,3 »Zwei von ihnen waren mahlend mit einer Handmühle, und Blut wurde gefunden zu Füßen derer, die an der Innenseite arbeitete – sie sind beide unrein. Wenn es gefunden wird zu Füßen derer, die an der Außenseite arbeitet, ist sie unrein, und ihre Freundin ist rein. Wenn es zwischen ihnen gefunden wird, sind beide unrein« (Übersetzungsvorschläge von J. Neusner, The Tosefta VI, 1977, S. 226).
52 Vgl. dazu auch den Titel »Morgenstern« für den wiederkommenden Christus nach Apk 22 und den Passus aus dem Exsultet der Osternacht, in dem es von der Osterkerze und dem kommenden Christus heißt: »...flammas eius lucifer matutinus inveniat, ille inquam lucifer, qui nescit occasum...« (»In ihre Flammen möge hineinkommen der morgendliche Lichtbringer »Morgenstern«, jener Lichtbringer »Morgenstern«, der keinen Untergang kennt...«).
53 Hieronymus, Kommentar zum Matthäusevangelium 4,25,6: »Um Mitternacht aber erhob sich ein Geschrei: Siehe, der Bräutigam kommt; geht aus, ihm

entgegen (Mt 25,6). Denn plötzlich, wie in tiefer Nacht und wenn alle sich sicher fühlen und der Schlaf am tiefsten ist, wird man Christus durch das laute Rufen der Engel und durch die Trompeten der vorangehenden Heerscharen ankommen hören. Wir wollen etwas sagen, was dem Leser vielleicht nützlich ist. Eine jüdische Überlieferung sagt, Christus werde inmitten der Nacht kommen, ähnlich wie damals in Ägypten, als man das Passa feierte, der Würgeengel kam und der Herr die Hütten überging... Daher hat, so glaube ich, sich auch die apostolische Tradition erhalten, nach der es am Tag der Ostervigil nicht erlaubt ist, die Menge, die die Ankunft Christi erwartet, vor Mitternacht zu entlassen, während alle, wenn jener Zeitpunkt vorüber ist, das Fest in wiedererlangter Sicherheit feiern.« – Lactantius, Div Inst 7,19,3 »Dies ist die Nacht, die von uns wegen der Ankunft unseres Königs und Gottes mit einer Vigil gefeiert wird: diese Nacht hat eine doppelte Bedeutung, weil er in ihr damals, als er litt, das Leben zurückerhielt, und weil er später in ihr die Herrschaft über die Welt entgegennehmen wird.«

54 Ignatius, Röm 4,1 (J. A. Fischer).
55 Vgl. dazu L. Wehr, Arznei der Unsterblichkeit. Die Eucharistie bei Ignatius v. Antiochien und im Johannesevangelium (Neutest. Abhandlungen NF 18), Münster 1987; ferner: A. Mau, Bäckerei, Sp. 2736f.
56 Vgl. Epiphanius, Ep. Arab. ap. haer 78,23,4 über häretische Verehrung Mariens, bei der Frauen »kollyridas« als Opfer darbringen (zitiert bei K. Berger, Die Auferstehung des Propheten..., Göttingen 1976, S. 507 A 236).
57 Ed. K. Lake, The Apostolic Fathers II, S. 333 »aber wie Brot, das gebacken wird oder wie Gold und Silber, im Ofen geläutert«.
58 So in der jüd.-hell. Schrift Testament des Hiob (1. Jh. n. Chr.) 7,12 (Übers. B. Schaller)
59 Das gnostische Evangelium des Philippus wird um 180 n. Chr. angesetzt. Deutsche Übersetzung auch bei W. C. Till, Das Evangelium nach Philippos, Berlin 1963.
60 Das Thomas-Evangelium gehört vielleicht noch ins 1. Jh. n. Chr. – Deutsche Übersetzung hier nach K. Aland, Synopsis.
61 N. Jasny (1950) 230
62 Athenaios, Deipnosophisten III 114d
63 Vgl. sol Gen r 801,2 (Wenn dein Sieb verklumpt ist, mußt du draufschlagen), vgl. S. Krauss, Talmudische Archäologie I, 1910, 455 A 301.
64 Vgl. ibid., Nr. 56 »Sieb und Reuter« S. 97f.
65 W. Ott, Gebet und Heil. Die Bedeutung der Gebetsparänese in der lukanischen Theologie, München 1965, 78f.
66 W. Ott, ibid., 79.
67 D. Sperber (1965), S. 260
68 Vgl. etwa G. Hamel (1990) 40.
69 Übers. nach D. Baatz (1984) 34f.
70 Vgl. ibid., S. 35 Mitte.
71 Vgl. dazu A. Mau, Art. Bäckerei, Sp. 2741.
72 Plinius, Hist nat 18,107 (mulierumque id opus maxime erat).
73 b Taanith 19b nach Goldschmidt III 700.
74 Test Hiob 10,7 (Übers. B. Schaller).

75 Test Hiob 22,3 (Übers. B. Schaller).
76 N. Jasny (1950) 249
77 Wenig gesäuertes Brot heißt »akrozymos« (Galen XIII 173 K; Isidorus, Oratio 20,2,15), »azymos« heißt das ungesäuerte, »zymites« das gesäuerte. Auch von den bei Athenaios, Deipnosophisten XIV 644 ff aufgezählten Brotsorten sind einige nicht gesäuert.
78 A. Mau, Art. Bäckerei, Sp. 2741
79 So in Gen r 19,10 zu Gen 3,11: »R. Levi sagte: Stell dir eine Frau vor, die Sauerteig (al.: Weinessig) leihen geht und hineingeht zur Frau eines Schlangenbändigers...« Das nachbarschaftliche Einander-etwas-Ausborgen wird hier als Anlaß zum Gespräch (über Männer) gesehen.
80 j Ms zu 5,2 (56a 17), vgl. auch b Pesach 46a
81 M. Thilo, Fünftausend Sprichwörter aus Palästina, Berlin 1937, Nr. 635, S. 33.
82 So bei dem jüdisch-hellenistischen Philosophen Philo v. Alexandrien, Über die Einzelgesetze (Spec Leg) II 184 f.
83 p Chag 1, 76c, 37 (Strack-Billerbeck I 728)
84 Philo v. Alexandrien, Fragen und Antworten zu Exodus (Q in Ex) I 15 (zu 12,8) und II 14 (zu 23,18).
85 b Berakh 17a
86 Ex 23,18; Lev 2,4.11.
87 Vgl. K. Berger, Jesus als Pharisäer und frühe Christen als Pharisäer, in: Novum Testamentum 30 (1988) 231–262.
88 Vgl. dazu: F. E. Brightman, Liturgies eastern and western, Oxford 1896, Neudr. 1967, 247 f. 581.
89 Constitutiones Apostolorum VIII 47: Canon. apost. 70.
90 Vgl. Galen VI 499 K.
91 Aristoteles, Problemata 21,5
92 Vgl. dazu R. J. Forbes, Studies III 35.
93 Nach W. Hürbin, Römisches Brot, 1980.
94 A. Mau, Art. Bäckerei, in: PWRE 2,2737
95 Das ist wohl in Ez 4,12 gemeint; nur das Heizmaterial ist hier absonderlich (»Nach Art von Gerstenfladen sollst du sie essen, und auf Ballen von Menschenkot sollst du es vor ihren Augen backen«)
96 R. E. Brown, The gospel according to John, vol. II 13–21, London 1966, 1073
97 Th. v. Zahn, Das Evangelium des Johannes ausgelegt, 3. u. 4. Aufl., Leipzig 1912, S. 690.
98 C. F. Keil, Kommentar über das Evangelium des Johannes, Leipzig 1881, S. 584.
99 Ruperti Abbatis Tuitiensis commentariorum in evangelium Johannis libri xiv, Nürnberg 1526, z. St.
100 Athenaios, Deipnosophisten III 109 f
101 Vgl. dazu ibid., 112c (Weizenmehl mit Milch, Öl und Salz, warm serviert und weich zu essen).
102 Vgl. dazu: L. Clerici, Einsammlung des Zerstreuten. Liturgiegeschichtliche Untersuchung zur Vor- und Nachgeschichte der Fürbitte für die Kirche in Didache 9,4 und 10,5 (LWQF 44), Münster 1966. – J. Magne, Klasma, sperma,

pomnion. Le voeu pour le rassemblement de Didachè IX,4 in: Mélanges d'histoire des religions offerts à Henri-Charles Puech, Paris 1974, 197–208
103 R. Knopf, Die Apostolischen Väter I: Die Lehre der Zwölf Apostel, Die zwei Clemensbriefe, Tübingen 1920, 27.
104 Johannes Chrysostomus, Predigt 24,2 zu 1 Kor, zu 1 Kor 10,13 (MPG 61,200D).
105 E. v. d. Goltz (1905) 33
106 N. Jasny (1950) 244
107 Origenes, Comm. in Mt 11.2 zu Mt 14,17
108 A. Mau, Art. Bäckerei, Sp. 2739.
109 Plinius, Naturgeschichte 19,18
110 Juvenal, Satiren 1, 5, 66
111 Juvenal, Satiren, 5, 14, 128
112 Plato, Politeia II 12 (372b)
113 Vgl. etwa Athenaios, Deipnosophisten III 108 F – 116 A (Erörterung aller in jeglicher Literatur erwähnter Brotsorten der Antike); XIV 644–48; Hippokrates, Regimen 40–45 (vgl. dazu: M.-C. Amouretti, 127). – Plinius, Hist. Nat. 9,86–87; 10,89 nennt vier verschiedene Grade Mehl. – Vgl. die Liste römischer Brotsorten bei G. Hamel, 1990, S. 11 A 17.
114 p Hall 1.2 (vgl. R. J. Forbes, Studies III 86)
115 J. Rogge, Art. Brot (1962) 274
116 Hermas, vis 3, 1, 3. Eine neuere deutsche Übersetzung findet sich in dem Kommentar von N. Brox, Der Hirt des Hermas, Göttingen 1991.
117 P. Lampe, Die stadtrömischen Christen in den ersten beiden Jahrhunderten (WUNT II 18), Tübingen 1987, S. 186.
118 Vgl. vis 3,6,7; 2,3,1; 1,3,1 und dazu P. Lampe, a.a.O., 187.
119 A. Mau, Art. Bäckerei, Sp. 2734.
120 S. Krauss, Talmudische Archäologie I, 1910, 99.
121 Vgl. dazu N. Jasny (1950) 249 und M. S. de Luca (1863).
122 J. Rogge, Art. Brot, in: Biblisch-historisches Handwörterbuch I, Göttingen 1962, S. 274.
123 Vgl. Epiphanius, haer 78,23; ancoratus 13,8.
124 A. Mau, Art. Bäckerei, Sp. 2740, von den in Pompeji gefundenen Broten.
125 Vgl. Th. Klauser u. a., Art. Brot, RAC II, Sp. 617
126 Übers. nach H. J. W. Drijvers in: W. Schneemelcher (Hrsg.), Neutestamentliche Apokryphen, 5. Aufl. II, Tübingen 1989, S. 324.
127 Vgl. dazu E. Lanciers (1990). Lanciers bestreitet die Rolle von Rizinus beim Backen von Broten (S. 90 A 11). Es habe sich nicht um Rizinus, sondern um Weizen gehandelt. Die Gegenposition vertritt T. Reil (1913). – In jedem Fall kann es sich nur um das Öl aus dem kaltgepreßten Samen gehandelt haben.
128 Vgl. dazu T. Teekmans (1966) und G. Rickmann (1971).
129 Neuer Beleg: P Vind Sijp 14, Zeile 8: Ein gewisser Aurelios wird hier genannt »Kornbemesser der Kornration« (sitometriou).
130 JosAs 4,7 in Anlehnung an die Übersetzung von C. Burchard in: JSHRZ II 4.
131 Cato, Über die Landwirtschaft 56
132 M. Währen (1972) 197
133 Vgl. D. M. Robinson (1924)

134 Lat.: propter hiemis asperitatem annonam frumenti exarsisse petierintque ut plebs copiam emendi haberet.
135 Lat.: »excedere singulos singulos modicos pretium frumenti veto«.
136 Man rechnete wie folgt: 1 Sesterz = 4 Asse; 1 Denar = 4 Sesterzen; 1 Denar = 16 Asse (vgl. dazu die Inschrift des Q Veranius Philagrus in Cibyra nach Cagnat, Inscr.Gr.ad res Rom. pertinentes IV 915). Das gilt für die achtziger Jahre des 1. Jh. n. Chr. – Zur Zeit Hadrians noch ist 1 Silberdenar = 18 Kupferasse im Ankauf, 17 Kupferasse im Verkauf.
137 Nach R. P. Duncan-Jones (1976), S. 249, 251 war das der zur gleichen Zeit auch in Italien geltende Preis.
138 Nach den Berechnungen von R. P. Duncan-Jones (1976) entsprach dies dem gleichzeitigen Preis in Unterägypten.
139 Zur Diskussion vgl. R. P. Duncan-Jones (1976) 247–250.
140 Lat.: operariis panem denarium (= CIL IV 6877) (vgl. dazu B. J. Mayeske, Bakeries..., 1972, S. 43 A 7)
141 Die folgenden Angaben beziehen sich auf Auskünfte moderner Mühlenbetriebe. Demnach bringen 100 Liter Korn (Weizen!) etwa 75 bis 85 kg Mehl. Je feiner das Mehl, um so schwerer ist es. Da antikes Mehl nicht entfernt den Feinheitsgrad moderner Mehlsorten erreichte, muß man davon ausgehen, daß 1 Liter etwa 500 g Mehl entspricht.
142 Vgl. dazu R. J. Forbes III 33 und D. Sperber (1965).
143 D. Sperber (1965) 259. – Dieselbe Preisrelation besteht auch heute (1992) in der Heidelberger Altstadt.
144 Vgl. zu den Getreidepreisen im Ägypten zur Zeit des Prinzipats: R. P. Duncan-Jones (1976). – Das ägyptische Getreidemaß war die »Artaba«.
145 Duncan-Jones, a.a.O., S. 244.
146 Zu beiden Angaben vgl. ibid., S. 245.
147 H. Bolkenstein, Wohltätigkeit und Armenpflege im vorchristlichen Altertum, Groningen 1939, Nachdr. 1967, 249f.
148 Vgl. zur Hungersnot 45 n. Chr.: K. S. Grapp (1935).
149 Vgl. dazu E. Lanciers (1990) 91 und die im Literaturverzeichnis genannten Arbeiten von H. J. Dexhage und F. Heichelheim.
150 R. P. Duncan-Jones (1976) S. 246.
151 Diese Möglichkeiten sind: a) »nötig« (also: »Unser notwendiges Brot gib uns heute«). Das wäre dann hergeleitet von dem griech. Wort »ousia« (Existenz, Lebensunterhalt) und hätte die Bedeutung »existenznotwendig«, »essentiell«. – Für diese Lösung spräche, daß die altsyrische Bibelübersetzung die Vaterunserbitte so übersetzt (»notwendig, nötig gebraucht«). – Gegen diese Lösung spricht, daß »ousia« mit der Vorsilbe »epi« das Wort (Adjektiv) »epousios« ergeben müßte, nicht aber »epiousios«, wie es dasteht. Diese Möglichkeit scheitert daher an dem nicht verschluckten i. – b) »für den heutigen Tag« (also: »Unser Brot für den heutigen Tag gib uns heute«). Im Griechischen würde das so etwas voraussetzen wie die – freilich nie belegte – Bildung »für (epi) den bestehenden (ousan) Tag«. Das Problem mit dem verschluckten i würde sich hier aber genauso stellen. – So bleiben ernsthaft nur Möglichkeiten, die nicht Formen des griechischen Wortes für »sein« (gr. »einai«, mit »ous-« gebildet) voraussetzen, sondern solche, in denen das i nicht zur Präposition »epi« gehört

(das würde verschluckt), vielmehr zum Wortstamm selbst. Dann muß es sich um Ableitungen des Wortes »ienai« (kommen) handeln, bei denen das i erhalten bleibt. – c) »zukünftig« (also: »Unser zukünftiges Brot gib uns heute«). Das wäre dann herzuleiten von »epion« (die Zukunft). Wäre dann an das Reich Gottes gedacht? Warum soll das dann heute gegeben werden? Warum heißt es »unser Brot«? (Vgl. dazu auch: U. Luz, Das Evangelium nach Matthäus II, 1990, S. 345)

152 Hieronymus, Mt.-Kommentar zu 6,11 und Traktat über Ps 135, zitiert nach W. Schneemelcher (Hrsg.), Neutestamentliche Apokryphen, 5. Auflage I Evangelien, Tübingen 1987, S. 134 unter 5.

153 Es handelt sich um die Agrapha Nr. 100 und 146 bei Michael Asin et Palacios, Logia et Agrapha Domini Jesu apud Moslemicos scriptores, asceticos praesertim, usitata, PO XIII 3, Paris 1919; PO XIX 4, Paris 1926.

154 Übers. K. Schäferdiek, in: W. Schneemelcher (Hrsg.), Neutestamentliche Apokryphen 5. Auflage II: Apostolisches, Apokalypsen und Verwandtes, Tübingen 1990, 164.

155 Vgl. dazu Plutarch, Tischreden, 2. Buch, 10. Frage: »Was ist besser, den Gästen besondere Portionen zu reichen oder dieselben gemeinschaftlich zu bewirten?«

156 Vgl. K. Berger, Die Weisheitsschrift aus der Kairoer Geniza. Erstedition, Kommentar und Übersetzung (TANZ 1), Tübingen 1989. – Hier: WKG 1,6. Für die Übersetzung dieser schwierigen Stelle vgl. meine Korrektur in: K. Berger, Die Bedeutung der wiederentdeckten Weisheitsschrift aus der Kairoer Geniza für das Alte Testament, in: ZAW 103 (1991) 113–124, 118 zu Hiob 6,7. – Die Schrift wird von mir auf den Anfang des 2. Jh. n. Chr. gedeutet; diese Datierung ist umstritten, ein endgültiges Urteil steht noch aus.

157 R. G. Kratz: Die Gnade des täglichen Brotes. Späte Psalmen auf dem Weg zum Vaterunser, in: ZThK 89 (1992) 1–40.

158 Die Bemerkungen von R. G. Kratz a.a.O., (vgl. die vorige Fußnote) S. 40 über die im Verhältnis zu »Vermittlungsinstanzen« (wie »Qumran« etc.) »weit engeren« Beziehungen des Alten Testaments zum Neuen treffen m.E. nicht das Richtige.

159 Vgl. dazu mehr bei W. Ott, Gebet und Heil. Die Bedeutung der Gebetsparänese in der lukanischen Theologie, München 1965, 112–123.

160 Epiphanius, Brief-Fragment, Ed. K. Holl, Gesammelte Aufsätze II 1928, S. 206, Z. 19ff.

161 Acta Pauli, Papyrus Hamburgensis p. 3 (= W. Schneemelcher, Neutestamentliche Apokryphen II, 5. Aufl. 1989, S. 229).

162 Acta Petri (Act Vercell.) 2 (= W. Schneemelcher, Neutestamentliche Apokryphen II, 5. Aufl. 1989, S. 259).

163 M. Währen, 1974, S. 16 (vom Pythagoräer Alexis).

164 Babylonischer Talmud, Traktat Berakhot 40a.

165 Babylonischer Talmud, Traktat Berakhot 40a.

166 Babylonischer Talmud, Traktat Berakhot 2b.

167 Philo, Über das betrachtende Leben (Vit Cont) 4.9.

168 Acta Thomae 20 (= W. Schneemelcher, Neutestamentliche Apokryphen II, 5. Aufl. 1989, S. 311).

169 Acta Thomae 104 (= W. Schneemelcher, Neutestamentliche Apokryphen II, 5. Aufl. 1989, S. 342).
170 Clementinische Homilien 14,1 (Ed. Rehm).
171 Clementinische Homilien, Contestatio 4,3 (= W. Schneemelcher, Neutestamentliche Apokryphen II, 5. Aufl. 1989, S. 449).
172 Babylonischer Talmud, Traktat Berakhot 40 a.
173 P. Schäfer, Übersetzung der Hekhalot-Literatur II §§ 81–334, Tübingen 1987, § 299, S. 287 f.
174 Vgl. dazu S. Krauss, Talmudische Archäologie I, Leipzig 1910, S. 467 A 400 mit Verweis auf b Horaj 13 b; S. 473 A 442 mit Verweis auf Mischnah Sabbat 1,10.
175 Athenaios, Deipnosophisten 3,109 e.
176 M. Währen, 1974, S. 16.
177 Vgl. dazu Mischnah Nazir 6,1; Mischnah Jad 1,3; Baraitha b Sukk 40 a.
178 Das Brot wickeln ist ein anderer Ausdruck für speisen, vgl. dazu P. Billerbeck, 24. Exkurs, S. 623.
179 Mischnah Nazir 6,1.
180 Mischnah Jad 1,3 ff (= P. Billerbeck, Kommentar zum Neuen Testament I 701).
181 J. Gnilka, Das Evangelium nach Markus (EKK II/2) S. 237.
182 G. Dalman, Arbeit und Sitte in Palästina IV, 1935, S. 404.
183 Mischnah Nazir 6,1; Tosefta Pes 1(2).31.157.2.18.
184 Vgl. S. Krauss, Talmudische Archäologie I, Leipzig 1910, S. 471 A 420; R. Chijja (I., um 200) hat gelehrt: Wer will, daß er keine Unterleibskrankheiten bekomme, der gewöhne sich im Sommer und im Winter an das Eintauchen (des Brotes in Essig oder Wein) (= Mischnah Gittin 70 a).
185 S. Krauss, Talmudische Archäologie I (1910) 104.
186 K. Jakobitz, E. E. Seiler, Griechisch-Deutsches Wörterbuch, Leipzig 1850, S. 1071.
187 Vgl. dazu Cato, Über die Landwirtschaft 56 (s. o. Teil IV 4).
188 Th. Schuch, a.a.O., 70.
189 Th. Schuch, a.a.O., S. 14.
190 R. J. Forbes Studies III 33.
191 Th. Schuch, a.a.O., S. 13. – Belege für »Rohkostesser«: Palladius, Historia Lausiaca 12 (p. 34,4; M 1034 B). – Als Rohkostesser werden sonst wilde Tiere und Barbaren gekennzeichnet.
192 Persius, Satiren 6,16.
193 Acta Thomae 29, Übers. nach H. J. W. Drijvers, in: W. Schneemelcher (Hrsg.), Neutestamentliche Apokrypen, 5. Auflage II: Apostolisches, Apokalypsen und Verwandtes, Tübingen 1989, S. 315.
194 Übers. nach J.-M. Prieur, Andreasakten, in: W. Schneemelcher (Hrsg.), Neutestamentliche Apokryphen, 5. Auflage II: Apostolisches, Apokalypsen und Verwandtes, Tübingen 1989, S. 129.
195 Const Apost 5,18,1.
196 S. Krauss, Talmudische Archäologie I (1910) 467–470.
197 M. Währen (1974) 16.
198 b Ber 40 a.

199 Ähnlich auch R. J. Forbes, Studies III 86: »Roughly speaking, classical diet consisted mainly of bread and porridge made from wheat or barley supplemented by vegetables, fish and spices and not much else.«
200 Vgl. Homer, Odyssee 14,456 »...von Brot und Fleisch gesättigt, eilten zur Ruh«; 15,332/333 »und die schön geglätteten Tische sind mit Brot und Fleisch und Wein stets belastet«; 14,46 »...wenn sich deine Seele mit Brot und Wein gelabt hat.«
201 Joseph und Aseneth 10,13 (Übers. C. Burchard).
202 Plautus, Pseud., 810–825 (Übers. bei J. Marquardt, Das Privatleben der Römer I, Leipzig 1879, 413).
203 Vgl. dazu: EsraApk (griech.) 4,25 ff: »Und sie führten mich nach Norden, und ich sah dort einen Menschen, in eiserne Riegel geschlagen. Und ich fragte: Wer ist dieser? Und er sagte zu mir: Dies ist der, der gesagt hat: Ich bin der Sohn Gottes, die Steine mache ich zu Broten und das Wasser zu Wein. Und der Prophet sagte: Herr, laß mich wissen, wie er aussieht, so halte ich das Geschlecht der Menschen dazu an, daß sie ihm nicht glauben« (Übers. U. B. Müller). – Daniel-Diegese (griech.) 13,11: (der Antichrist sagt) »Dir sage ich, schroffer Fels: Werde Brot vor den Juden. – Und der Fels wird nicht auf ihn hören und eine Drache werden...« – Vgl. dazu: K. Berger, Die griechische Daniel-Diegese (StPB 27), 1976, 136 zu Dan-Dieg 13,11 f.
204 Hieronymus, De viris inlustribus 2, Übers. nach W. Schneemelcher, Neutestamentliche Apokryphen 5. Auflage I: Evangelien, Tübingen 1987, S. 147.
205 Joseph und Aseneth (jüd.-hell. Bekehrungsroman, 1. Jh. n. Chr.; Übers. C. Burchard) 10,1 b »Und Brot aß sie nicht und Wasser trank sie nicht«, ebenso in 10,17; 13,9.
206 Testament des Ruben (zu den Testamenten der Zwölf Patriarchen gehörig; Übers. J. Becker) 1,10 (kein Wein, Fleisch, Brot der Begierde). – Vgl. ebenfalls über Ruben: Testament des Sebulon 4,7: »Und er aß an jenem Tag kein Brot« (Trauer über Joseph).
207 Vgl. Test Ruben 1,10 »Ich trauerte über meine Sünde« als Begründung zu dem in der vorangehenden Anmerkung Erwähnten.
208 Prophetenleben Daniel § 6 (Hrsg. Ch. C. Torrey, S. 25); Torrey übersetzt den Brei mit »Pulse«.
209 NikodemusEv, Schlußkapitel, Übers. nach F. Scheidweiler, in: W. Schneemelcher, Neutestamentliche Apokryphen 5. Auflage I: Evangelien, Tübingen 1987, S. 421).
210 Vgl. Ch. Clermont-Ganneau (1898).
211 »Weise ist die Jungfrau Gottes Hadaranis, weil sie zwanzig Jahre lang kein Brot gegessen hat auf Befehl des Gottes selbst...«; vgl. dazu H. Leclerq, Art. Pain, Sp. 459.
212 Lat.: frange esurienti panem.
213 Es handelt sich um den Großen Pariser Zauberpapyrus (K. Preisendanz, Papyri Graecae Magicae. Die griechischen Zauberpapyri I, Berlin 1928, 64 ff) IV 1390–1395 »Herbeiführender Liebeszauber mit Hilfe von toten Massenkämpfern (Heroen) oder Gladiatoren oder sonst gewaltsam Getöteten. Laß von dem Brot, das du ißt, ein wenig übrig, zerteile es (gr.: klasas) und mach es

zu sieben Brocken und geh dahin, wo Heroen erschlagen wurden, Gladiatoren und Getötete, sprich das Gebet über die Brocken, wirf sie hin...«

214 Anthologia Palatina XI 153 »Brote und Stücke« (Gedicht von Lucilius, gest. 102 v. Chr.).
215 Vor dem eigentlichen gemeinsamen Mahl im Speiseraum gibt es teilweise die sog. Vorkost. Diese wurde in einem anderen Raum gereicht. Bei dem Wein, der dort angeboten wurde, sprach jeder für sich (!) über den Wein ein Segenswort: »Gesegnet bist du, Herr, unser Gott, König der Welt, der die Frucht des Weinstocks schafft.«
216 Im babylonischen Talmud, Berakh 39b heißt es ausdrücklich: »...man spreche den Segen vorher, dann breche man.«
217 Vgl. Babylonischer Talmud Berakhot 47a.
218 H. Strack, P. L. Billerbeck, Kommentar zum Neuen Testament aus Talmud und Midrasch IV: Exkurse zu einzelnen Stellen des Neuen Testaments, 2. Teil, München 7. Aufl. 1978, S. 611–639: 24. Exkurs: Ein altjüdisches Gastmahl, hier S. 621.
219 Th. Schermann (1910) 179. – Deutscher Text der Acta Ioannis nach: K. Schäferdiek, Johannesakten, in: W. Schneemelcher, Neutestamentliche Apokryphen 5. Auflage II: Apostolisches, Apokalypsen und Verwandtes, Tübingen 1989, S. 182, 186.
220 Übers. der Acta Thomae nach H. J. W. Drijvers, Thomasakten, in: W. Schneemelcher, Neutestamentliche Apokryphen, 5. Auflage II: Apostolisches, Apokalypsen und Verwandtes, Tübingen 1989, 289 ff.
221 Epiphanius adv haer 37,5 (MPG 41, 648 D).
222 Vgl. dazu: Th. Schermann (1910) 178.
223 Th. Schermann (1910) 163.
224 Das ist erst der Fall in einer späten Textdeutung des griechischen Bibeltextes zu 1 Kor 11,24 in der Koineversion: »Dies ist mein Leib, der für euch gebrochen ist.« Daran schließen sich mittelalterliche Deutungen auf Leiden und Sterben des Herrn an.
225 Ist der Name »Eulogie« im Unterschied zu »Eucharistie« gewählt und markiert der formgeschichtliche Unterschied der Gattungen (Eulogie/Eucharistie) auch den rituellen verschiedener Mahlzeiten?
226 Vgl. etwa die syrisch erhaltene frühchristliche Lehrschrift »Testament unseres Herrn Jesus Christus« (Ed. J. Rahmani) Kap. 19: Den Katechumenen ist »vom Brotbrechen her« gesegnetes Brot zu geben. – Vgl. dazu E. v. d. Goltz (1905) 21 f: Nicht alles gesegnete Brot wurde Leib des Herrn.
227 Tertullian, Gegen Marcion IV 40: (über Jesus) »Er nahm das Brot und verteilte es seinen Jüngern und machte es zu seinem Leib.« – Origenes denkt nur an die Adressaten (Matthäuskommentar zu Mt 14,15–17). – Vgl. zu beiden: Th. Schermann (1910) 181 f.
228 Th. Schermann (1910) 176.
229 Vgl. dazu: Xenophon, Memorabilien 3,14,1 und Aristophanes, Acharn 1138.
230 Xenophon, Memorabilien, 3,14,1 (Übers. P. Jaerisch).
231 Th. Klauser, Art. Brot, Sp. 616.
232 Cyprian, De opere et eleemosyna 15.
233 Mischnah Berakhot 6,1.

234 b Berakh 38a.
235 Vgl. Mk 6,41; 8,19; Lk 24,30; Joh 6,11; 21,13; Act 27,35.
236 Philo v. Alexandrien, Über das betrachtende Leben (Vit Cont) § 66f.
237 Vgl. auch 1 Tim 4,3–5; Justin der Märtyrer, I Apol 67,2: »Bei allem aber, was wir zu uns nehmen, segnen wir den Schöpfer aller Dinge durch seinen Sohn Jesus Christus und durch den heiligen Geist.«
238 EvPhil 108 »Der reine Mensch ist ganz rein bis zu (= auch sein) seinem Leib. Denn wenn er das Brot erhalten hat, wird er es rein machen oder den Becher oder alles übrige, das er erhält, er reinigt es. Und wie wird er da nicht auch den Leib reinigen?« – Das Prinzip der »offensiven Reinheit« wird hier von der Nahrung auf den Leib übertragen. – Vgl. Athanasius, Über die Jungfrauenschaft 13: »Deine Speise und dein Trank ist geheiligt. Denn durch die Gebete und die heiligen Worte wird er geheiligt« (Hinweis durch E. v. d. Goltz, 1905, 21). Hier handelt es sich um eine Auslegung von 1 Tim 4,5.
239 Die Zitate aus den Thomasakten nach H. J. W. Drijvers, Thomasakten, in: W. Schneemelcher, Neutestamentliche Apokryphen, 5. Auflage II Apostolisches, Apokalypsen und Verwandtes, Tübingen 1989, S. 289ff.
240 W. A. Becker, Charikles (1840) I, 429.
241 W. A. Becker, Charikles (1840) I, 429.
242 M. Währen (1974) 16.
243 M. Währen (1974) 16.
244 Vgl. dazu E. v. d. Goltz (1905) 6.63; S. 63 »Buxtorf, Synagoga Judaica, Frankfurt 1738, schreibt p. 239: man lasse bei jeder Mahlzeit ein Stück Brot übrig bis zum Schluß, damit etwas auf dem Tische sei, darauf der Segen ruht.«
245 E. v. d. Goltz, S. 63.
246 ibid., 60f.
247 Vgl. dazu: Strack, H. und P. L. Billerbeck, Kommentar zum Neuen Testament aus Talmud und Midrasch IV: Exkurse zu einzelnen Stellen des Neuen Testaments, 2. Teil, München 7. Aufl. 1978, S. 611–639: 24. Exkurs: Ein altjüdisches Gastmahl, S. 625: 7. Die Aufhebung der Tafel.
248 Philostratos, Leben des Apollonius v. Tyana I 19.
249 Joseph und Aseneth 13,8: »Siehe, Herr, mein Mahl, das königliche, und die Mehlspeisen habe ich gegeben den Hunden, den fremden« (Übers. C. Burchard).
250 Fragmente des griech. Achiqar Nr. 110, zitiert nach A. M. Denis.
251 Diese Kategorie habe ich bereits dargestellt in meiner »Formgeschichte des Neuen Testaments«, Heidelberg 1984, S. 119f, und die dort genannten Belege sind um diese Stelle Mt 7,6 zu erweitern.
252 Vgl. z. B. Epistula Apostolorum 5 (Schneemelcher I 209: Deutung als »Bild unseres Glaubens, betreffs der großen Christenheit«); Sibyllinen I 357–59 (auch hier Verbindung mit dem Seewandel); VI 15 (»aus einem Ranzen Brot werden viele Menschen satt«); VIII 257–77 (»Und mit allen übrigen Brocken füllt er zwölf Körbe zur Hoffnung der Völker«) (die Sib-Stellen bei Schneemelcher II S. 594ff); Johannesakten Kap. 93 (»von dem Wenigen wurden alle satt, und unsere Brote blieben ganz erhalten«); Paulusakten (Schneemelcher II 238 »daß ich verteilt habe wenig Brote und viele gesättigt«... »Was ist denn das Werk, das größer ist als diese außer Totenauferweckung und Ernähren einer derartigen Menge?«)

253 Ed. Th. Schermann, Propheten- und Apostellegenden, Leipzig 1907, S. 112f § 34 Elisaeus, hier S. 113: »Daraufhin hat er, nachdem aus zehn Broten das Volk gesättigt war, die Reste gesammelt.«
254 Ovid, Fasti I 670 (Übers. nach M. Währen, 1972, 197).
255 TAM III 4 aus Termessus, Pisidien (Kleinasien), zitiert nach: A. R. Hands, 1968, S. 191f D. 39.
256 Vgl. ibid., S. 193f D. 45. – Der Text ist von 237 n. Chr. und stammt aus Orcistus in Phrygien (Kleinasien) (= MAMA V 202).
257 Vgl. dazu: K. Berger, Diakonie im Frühjudentum. Die Armenfürsorge in der jüdischen Diasporagemeinde zur Zeit Jesu, in: G. K. Schäfer, Th. Strohm (Hrsg.), Diakonie – biblische Grundlagen und Orientierungen, Heidelberg 1990, 94–105, bes. 94–98. – Hiob als König: Test Hiob 3,7, vgl. 28,7.
258 Zugänglich ist das Testament des Hiob in der Übersetzung von B. Schaller in der Reihe: Jüdische Schriften aus hell.-röm. Zeit III 3, Gütersloh 1979.
259 Vgl. dazu M. Rostowzew, Art. Congiarium (1901)
260 M. Rostowzew, ibid., Sp. 876
261 Dem Sauerteig des Herodes und der Pharisäer steht das von Jesus geschenkte Brot gegenüber. Dies ist Brot in messianischer Fülle – die Gegner kann man nur mit Sauerteig vergleichen.
262 Joseph und Aseneth 4,7; 25,5 (Übers. C. Burchard)
263 Vgl. K. Berger, Die Griechische Daniel-Diegese, Leiden 1976, 80ff.
264 Vgl. die Darstellung der Wechselbeziehungen zwischen Philosophie und Exegese je anhand eines Exegeten und eines Philosophen bei K. Berger, Exegese und Philosophie, Stuttgart 1986.
265 Vgl. die kurze Übersicht bei R. Pesch, Das Markusevangelium II, Herder 1977, 348f.
266 Vgl. dazu: J. Gnilka, Das Evangelium nach Markus II, 1979. S. 244 A 27.
267 Das Thema bedarf dringend der Bearbeitung. Zur Literatur vgl. J. Weiß, Der Erste Korintherbrief, Göttingen 1910 (Nachdr. 1970), S. 211. Hier und auch sonst beruft man sich auf Stengel, Griech. Sakralaltertümer, 2. Aufl. 103ff.
268 Vgl. dazu: F. Eckstein, Th. Klauser, Art.: Brotstempel, in: RAC II (1954) 630f.
269 Test Hiob 7,4.9f (Übers. B. Schaller).
270 Joseph und Aseneth 8,5 (vgl. auch die Übersetzung von C. Burchard in JSHRZ)
271 Joseph und Aseneth 8,5.9; 15,5
272 Das Trankopfer bildete den Schluß der griechischen antiken Mahlzeit. Es war zugleich der Übergang zum dann folgenden Symposion. Geopfert wurde dem Agathos Daimon (»guter Geist«).
273 Hinweis M. Klinghardt.
274 Von daher gewinnen auch die Initiationsakte, die Levi nach Testament des Levi (Testamente der Zwölf Patriarchen) 8,5 erfährt, neue Beleuchtung; denn von den Levi begegnenden Engeln heißt es: »Und der zweite wusch mich mit reinem Wasser und speiste mich mit Brot und Wein, dem Allerheiligsten und kleidete mich in ein herrliches und heiliges Gewand.« – Der Kommentar von H. W. Hollander und M. de Jonge zu Test. Levi 8,5 zeigt auf, daß alle diese Riten einzeln und z. T. auch in Kombination von der Initiation der Hohen-

priester belegt sind. Leider hat man diese Elemente noch nicht mit der Entstehung der Sakramente in Verbindung gebracht. Liegen christliche und jüdisch-hohepriesterliche Initiation wirklich so weit auseinander?
275 Vgl. Athenaios, Deipnosophisten III 114d
276 Vgl. Akten des Petrus und der Zwölf Apostel NHC VI,1, 4,20 (engl. Übersetzung bei J. M. Robinson, The Nag Hammadi Library, S. 267)
277 Sextus, Sententiae 379 (Ausgabe: H. Chadwick), koptisch bei J. M. Robinson, a.a.O., 458.
278 Test Hiob 7,3–12 (Übers. B. Schaller)
279 Übers. J. Becker. – Zur Sache vgl. Prov 22,9: »Gesegnet wird, wer milden Auges ist, weil er von seinem Brot dem Armen gibt«; Tob 1,17: »Mein Brot gab ich den Hungernden, meine Kleider schenkte ich den Nackten...«
280 Vgl. dazu vor allem H. Bolkestein, Wohltätigkeit und Armenpflege im vorchristlichen Altertum, Groningen 1939 (Nachdr. 1967), 364–378, besonders zu den frumentationes in Rom.
281 Vgl. G. Krüger (1935).
282 Vgl. B. Miller, Weisung der Väter. Apophthegmata Patrum, auch Gerontikon oder Alphabeticum genannt (Sophia 6), Freiburg 1965, Nr. 211 S. 85.
283 M. Welker: Gottes Geist. Theologie des Heiligen Geistes, Neukirchen 1992, 311.

Verzeichnis der Bibelstellen

Altes Testament

Genesis
3,17   18
18,6   57
40,1.2.16f.20   52
40,16   66
41,10   52
47,12   70

Exodus
11,4–6   44
12,15   55
12,39   53
13,3.7   55
16,4   20
23,18   Anm. 86
25,23f.30   41
29,3.23   66

Leviticus
2,4.11   Anm. 86
6,21   98
24,9   41

Numeri
15,37–41   84

Deuteronomium
6,4–9   84

11,13–21   84
23,26   38

Richter
9,53   42

Ruth
2,14   86

2. Samuel
11,21   42

1. Könige
19,6   85

2. Könige
4,42–44   88, 120, 121

1. Chronik
16,3   52

Psalm
5,1.8–10.18.19   79, 80
78,24   20
104,14f   78
145,1.2.11–13.16.21   79
145–147   78
146,7.10   79

Proverbien
22,9   Anm. 279
30,8   77, 78

Jesaja
58,7   98

Jeremia
7,18   59, 60
16,7   98
25,10   45

Klagelieder
4,4   98

Hesekiel
4,12   Anm. 95
13,19   98

Zwischentestamentliche Schriften

Apokalypse des Esra
4,25 ff   Anm. 203
5,12–13   27

Baruch Apk(syr)
21,1   97

Joseph und Aseneth
4,7   70, 124
8,5   133, 134
10,13   92
13,8   116
15,5   134
25,5   124

Jubiläenbuch
39,14.14   52

Prophetenleben
6   96
16   65

Slavisches Henochbuch
45,3–4   41

Testament des Hiob
7,4   133
7,3–12   136, 137
7,12   47
10,6   122
10,7   122
11,3 f   122
12   52 f

Via Adea et Evae
(668)   18 f

Neues Testament

Matthäus
4,3   94
5,14   57
6,11   75, 88
6,25–34   78
6,29   34
6,30   34, 60
7,6   116, 117
7,6–12   117
7,9   78
7,12   117

10,10　*66, 94*
12,1　*38, 40*
12,1–8　*40*
12,5　*40*
12,7　*38, 40, 41*
13,24–30　*25, 30–32*
13,33　*25, 57, 58, 59*
13,42.50　*60*
14,14–21　*119*
14,19　*100, 109*
14, 20　*66*
14,22–33　*121*
15,2　*114*
15,26f　*116, 117*
15,32–39　*119*
15,36　*100*
16,5f　*56*
16,9　*66*
16,11　*56*
16,12　*56*
17,27　*61*
18,6　*42*
20,2　*72*
20,9　*72*
24,41　*45*
25,31–46　*139*
26,23　*87*
26,26–28　*129*
26,26　*131*
26,27　*130*

Markus
1,2　*39*
1,6　*84, 94*
2,23–28　*37–41*
2,26　*41*

2,27　*Anm. 33*
3,20　*17*
4,3–9　*25, 26–28*
4,8　*33*
4,14–20　*26–28*
4,26–29　*25, 28–30*
4,31f　*58*
6,8　*66, 94*
6,34–44　*119, 120*
6,38　*89*
6,38　*92*
6,41　*100, 109, 123*
6,45–52　*121*
7,2　*114*
8,1–10　*119, 121*
8,6　*100*
8,15　*56*
8,15–21　*123*
9,41　*139*
11,1–4　*39*
11,12f　*Anm. 32*
11,25　*80*
14,3–9　*39*
14,12f　*39*
14,19f　*86*
14,20　*87*
14,22　*15, 100, 131*
14,22–24　*129*
14,23　*130*
14,25　*95, 96*

Lukas
4,3　*94*
6,1　*40, 41*
7,33　*94*
9,3　*66, 94*

9,12–17 *119*
9,16 *100, 109*
10,4 *66, 94*
11,2–4 *81*
11,3 *75*
12,16–21 *25*
12,28 *60*
12,42 *69*
12,44.45 *69, 70*
13,20f *57, 59*
15,17 *69*
17,29–32 *45*
17,35 *45, 46*
22 *103*
22,17–20 *130*
22,19 *111, 131*
22,31 *49*
22,36 *66, 95*
24,30f *95*
24,30 *100*
24,35 *100*

Johannes
6 *21, 22*
6,5–15 *119, 121*
6,9 *60, 63, 89*
6,13 *63*
6,14 *121*
6,15 *121, 123*
6,16–21 *121*
6,30–35 *20*
6,38 *20*
6,51 *131*
11,5 *123*
11,25 *16*
12 *34*

12,24 *32, 33*
12,32 *32*
13,26 *86, 87*
14,6 *16*
18,28 *55*
19,12 *123*
19,15 *123*
19,31 *55*
20,24–29 *95*
21,4 *16*
21,9 *60, 61, 89, 92*
21,12 *16, 60*
21,13 *89*

Apostelgeschichte
2,42.46 *101*
3,19 *29*
20,7.11 *101*
27,35 *101, 103*

Römerbrief
6,3–10 *132*
14,2 *90*
14,21 *90*

1. Korinther
5 *56*
5,6–8 *55*
10 *62*
10 *114*
10f *135*
10,16.17 *62, 113, 132*
10,16 *132*
11 *103, 112*
11,21 *106*
11,23–25 *107*

159

11,24   *100, 111, 129, 131*
11,24   *Anm. 224*
11,25   *129*
11,26   *131*
11,33.34   *106*
15,7   *95*
15,36f   *32–34*

2. Korinther
7,14   *117*

Galater
5,9   *56*

2. Thessalonicher
3,12   *17*

1. Timotheus
4,3   *17*
4,3–5   *110, Anm. 237*
4,4f   *17*
4,5   *Anm. 238*

Hebräer
9,2   *41*

Apokalypse
6,5–6   *15, 50, 63, 70–73*
22   *Anm. 52*

Neutestamentliche Apokryphen

Agrapha
100   *76*
146   *76*

Akten des Petrus und der zwölf Apostel
VI 1; 4,20   *136*
VI 5   *23f*

Andreasakten
(129)   *91*

Bartholomäusevangelium
II 15–20   *23*

Hirt des Hermas
vis 3,1,3   *65*

Johannesakten
72   *101*
85   *101, 102*
93   *77*
109f   *102, 112, 113*

Nazaräerevangelium
(Hieronymus zu Mt6)   *75*

Nikodemusevangelium
(Schlußkap.)   *96, 97*

Paulusakten
(p. 3)   *83*

Petrusakten
2   *83*

*Philippusevangelium
(EvPhil)*
(151)   *22*
52   *25*
52   *48*
108   Anm. *238*
110   *67, 68*
119   *68*
119   *116*

Thomasakten
20   *84*
27   *102*
29   *85, 91*
49–50   *102*
49f   *112*
50   *67*
104   *84*
121   *102*
133   *102, 112, 113*
158   *102, 111–113*

Thomasevangelium (ThEv)
96   *57, 58*
97   *25*
97   *48*

Literaturverzeichnis

Amourette, Marie-Claire: Le pain et l'huile dans la Grèce antique (Centre de Recherche d'histoire ancienne, vol. 67; Unité associée au C.N.R.S. 0338; Analyse des formations sociales de l'antiquité; Annales littéraires de l'Université de Besançon 328), Paris 1986.
André, J.: L'alimentation et la cuisine à Rome, Paris 1961, 2. Aufl. 1981.
– Les noms des plantes dans la Rome antique, Paris 1985
Arnott, M. L.: Gastronomy 1975
Arrington, L. R.: Foods in the Bible, in: Journal of the American dietetic association 35 (1959) 816–823
Avitsur, S.: The Way to Bread. The example of the land of Israel, Tools and Tillage II 4 (1975) 228–241.

Baatz, D.: Die Brotzeit, Moretum, in: Archäologische Nachrichten aus Baden 32 (1984) 34f.
Bailey, K. E.: Poet and Peasant. A literary-cultural approach to the parables of Luke, Grand Rapids 1976
– Through Peasant Eyes. More lukan parables, their culture and style, Grand Rapids 1980.
Becker, W. A.: Charikles. Bilder altgriechischer Sitte zur genaueren Kenntnis des griechischen Privatlebens I, Leipzig 1840
Behm, J.: Art. klao, klasis, klasma, in: ThWNT III 726–743
Bodenheimer, F. S.: Insects as human food, Den Haag 1951
Böcher, O.: Aß Johannes der Täufer kein Brot (Lk 7,33)?, in: NTSt 18 (1971/72) 90–92
v. d. Born, A.: Art. Brot, in: Bibel-Lexikon, 2. Aufl. 1968, 260–262
Brightman, F. E.: Liturgies eastern and western, Oxford 1896 (1967)
Broshi, Magen: The diet of Palestine in the Roman period, introductory notes, in: The Israel Museum Journal 5 (1986) 41–56.
Brothwell, D. und P.: Food in Antiquity, 1969; deutsch: Manna und Hirse. Eine Kulturgeschichte der Ernährung, Übs. D. Missbleck (Kulturgeschichte der antiken Welt 21), Mainz 1984

Canaan, T.: Superstition and folklore about bread, in: Bulletin of the American School of Oriental Research 167 (1962) 36–47
Casson, L.: The role of the state in Rome's grain trade, in: J.H.D.'Arms und E. C. Kopff (Hrsg.), The seaborne commerce of ancient Rome. Studies in archaeology and history (MAAR 36), Rom 1980, 21–33

Clerici, L.: Einsammlung des Zerstreuten. Liturgiegeschichtliche Untersuchung zur Vor- und Nachgeschichte der Fürbitte für die Kirche in Didache 9,4 und 10,5 (LWQF 44), Münster 1966.
Clermont-Ganneau, Ch.: L'abstinence du pain dans les rites syrien, paien et chrétien, in: Rev Archeol Orient 2 (1898) 134
Crowfoot, J. W.: Churches at Bosra and Samaria-Sebaste (British school of archeology in Jerusalem, Suppl. Paper 4), London 1937

Dalman, G.: Arbeit und Sitte in Palästina IV: Brot, Öl und Wein (Schriften des deutschen Palästina-Instituts 7; Beiträge z. Förderung christl. Theologie II 33), Gütersloh 1935, 1–152
Debord, P.: Aspects sociaux et économiques de la vie religieuse de l'Anatolie gréco-romaine, Thèse des lettres, Besançon 1977 (= EPROER 88, Leiden 1982)
Delatte, A.: Le Cycéon, breuvage rituel des mystères d'Eleusis, Paris 1955 (Bull. de l'Acad. roy. Belgique, Class. lettr. sciences morales), 1954
Delebecque, É.: Les épis (»égrenés«) dans les synoptiques, in: REG 88 (1975) 133–142.
Dölger, F. J.: Unser tägliches Brot, in: JAC 5 (1936) 201–210
– Ein Brot als Tagesbedarf, ibid., 284–286
Drexhage, H. J.: »scimus quam varia sint pretia rerum per singulas civitates regionesque« – Zu den Preisvariationen im römischen Ägypten, in: Münstersche Beiträge zur antiken Handelsgeschichte 7,2 (1988) 1–11
Duhoux, Y.: Le boulanger et son pain; l'étymologie d'artokopos et d'artos, in: L'antiquité classique 43 (1974) 321–324
Duncan-Jones, R. P.: The price of wheat in Roman Egypt under the principate, in: Chiron 6 (1976) 241–251
– The choenix, the artaba and the modius, in: ZPE 21 (1976) 43–52
– The purpose and Organisation of the alimenta, in: PBSR 32 (1964) 123–147

Eckstein, F., Stuiber, A.: Art. Brotformen, in: RAC II (1954) Sp. 626–630

Fiebiger, Art. Cibaria, in: PWRE III
– Art. Frumentarii, in: PWRE 7 (1912) 122–125
Finley, M. I.: Technology in the Ancient World, review MORITZ und FORBES
Forbes, R. J.: Studies in ancient technology, 2. Aufl. I–VI, Leiden 1964, III Food in classical antiquity
Fournier, E.: Art. Cibaria, in: DAGR (= Dictionnaire des antiquites grecques et romaines) I/II 1142–1169
Foxhall, L., Forbes, H. A.: Sitometreia: The role of grain as a staple food in classical antiquity, in: Chiron 12 (1982) 41–90
Frayn, J. M.: Home-baking in Roman Italy, in: Antiquity 52 Nr. 204, (1978) 28–33
Furger, A. R.: Vom Essen und Trinken im römischen Augst. Kochen, Essen und Trinken im Spiegel einiger Funde, in: Archäologie der Schweiz 8 (1985) 168–184

Galavaris, G.: Bread and the liturgy: The symbolism of early Christian and Byzantine bread stamps, Madison, London 1970
Gapp, K. S.: The universal famine under Claudius, in: HThR 28 (1935) 258–265

Garsney, P., Galland, T., Rathbone, D.: Thessaly and the grain supply of Rome, in: JRS 74 (1984) 30–45

v. d. Goltz, E.: Tischgebete und Abendmahlsgebete in der altchristlichen und der griechischen Kirche, in: TU 29 NF 14,2a Leipzig 1905, 1–67

Grillet, B.: Les femmes et les fards dans l'Antiquité grecque, Lyon 1975

Hamel, Gildas: Poverty and charity in Roman Palestine, first three centuries C. E. (Univ. of Calif. Publ., Near Eastern Studies vol. 23), Berkeley, Los Angeles, Oxford 1990

Hands, A. R.: Charities and social aid in Greece and Rome (Aspects of Greek and Roman life), London, Southampton 1968

Hauck, F.: Art. artos epiousios, in: ZNW 33 (1934) 199–202

Heichelheim, F.: Wirtschaftliche Schwankungen der Zeit von Alexander bis Augustus (Beiträge zur Erforschung der wirtschaftl. Wechsellagen; Aufschwung, Krise, Stockung 3), Jena 1930 (= New York 1979)

Herzfeld, L.: Handelsgeschichte der Juden des Altertums, Braunschweig 1879, 185f

Holliger, Chr.: Culinaria Romana. So aßen und tranken die Römer, Vindonissa Museum Brugg, 1983

Hürbin, W.: Römisches Brot, in: Augster Blätter zur Römerzeit 4 (1980)

Jacobi, H.: Römische Getreidemühlen, in: Saalburg Jahrbuch 3 (1912) 75ff

Jasny, N.: The daily bread of the ancient Greeks and Romans, in: Osiris 9 (1950) 227–253.

– The breads of Ephesus and their price, in: Agricultural History 21 (1947) 190

– The wheats of classical antiquity, Baltimore 1944

– Competition among grains in classical antiquity, in: American Historical Review 47 (1942) 747

– Wheat prices and milling costs in classical Rome, in: Wheat Studies of the Food Research Institute 20,4, März 1944, 137–168.

Jeremias, J.: Jerusalem zur Zeit Jesu, Göttingen 3. Aufl. 1963, 27.194

– Das Vater-Unser im Lichte der neueren Forschung, 4. Aufl. 1967, 22–24

Klauser, Th., Haußleiter, J. und Stuiber, A.: Art. Brot, in: RAC II 1954, Sp. 611–620

Kohns, H. P.: Versorgungskrisen und Hungerrevolten im spätantiken Rom (Antiquitas I 6), Bonn 1961

Kratz, R. G.: Die Gnade des täglichen Brots. Späte Psalmen auf dem Weg zum Vaterunser. In: ZThK 89 (1992) 1–40

Krauss, S.: Talmudische Archäologie I, Leipzig 1910, Nr. 53, S. 92–93 »Häusliches und gewerbsmäßiges Brotbacken«; Nr. 55, S. 95–99 »Die Mühle«; Nr. 56, S. 97f »Sieb und Reuter«, Nr. 57, S. 99–101 »Die Brotbereitung«

Kretschmer, P.: Brot und Wein im Neugriechischen, in: Glotta 15 (1927) 60–65

Krüger, G.: Die Fürsorgetätigkeit der vorkonstantinischen Kirchen, in: ZSRG. K 24 (1935) 113–148

Kühn, K. G.: Achtzehngebet und Vaterunser und der Reim, Wiss. Unters. z. Neuen Testament 1 (1950) 35–37

Lanciers, E.: Ägyptisches Brot (kckc) in UPZ I 149 und die wirtschaftliche Lage zur Zeit Ptolemaios' IV. Philopator, in: ZPE 82 (1990) 89–92
Landsburger, B.: Zur Mehlbereitung im Altertum, in: OLZ 25 (1922) 338
Leclerq, H.: Art. Pain, in: DACL 13,1, Sp. 436–461
Lindet, L.: Les origines du moulin à grains, in: Revue Archéologique III 39 (1900) 23

MacMullen, R.: Market-days in the Roman Empire, in: Phoenix 24 (1970) 333–341
Magne, J.: Klasma, Sperma, pomnion. Le voeu pour le rassemblement de Didaché IX,4 in: Mélanges d'histoire des religions offerts à Henri-Charles Puech, Paris 1974, 197–208
Mau, A.: Art. Bäckerei, in: PWRE 2, Sp. 2734–2743
Maurizio, A.: Die Geschichte unserer Pflanzennahrung von Urzeiten bis zur Gegenwart, Berlin 1927
Mayeske, B. J. B.: Bakeries, bakers and bread at Pompeji. A study in social and economic history, Diss. phil. Univ. Maryland 1972
Mellet, M.: Le pain et la faim, in: Vie Spirituelle 69 (1943) 337–348; 70 (1944) 95–109.205–210
Michon, J.: Des céréales en Italie sous les Romains, Paris 1839
Moritz, L. A.: Grain-mills and flour in classical antiquity, Oxford 1958

Orth, F.: Art. Gerste, in: PWRE 7 (1912) 1275–1284
– Art. Getreide, in: PWRE 7 (1912) 1336–1352
– Art. Hirse, in: PWRE 8,2, 1950–56
– Art. sitos in: PWRE Supl VI 819–892

Packman, Z. R.: The taxes in grain in Ptolemaic Egypt. Granary receipts from Diospolis Magna 164–88 B. C. (ASP 4), New Haven, Toronto 1968

Reekmans, T.: La sitométrie dans les archives de Zénon (Papyrol. Bruxellan 3), Brüssel 1966
Reil, T.: Beiträge zur Erforschung des Gewerbes im hellenistischen Ägypten, Diss. Leipzig 1913
Rickman, G.: Roman granaries and store buildings, Cambridge 1971
– The corn-supply of ancient Rome, Oxford 1980
– The grain trade under the Roman Empire, in: J. H. D.'Arms und E. C. Kopff (Hrsg.), The seaborne commerce of ancient Rome. Studies in archaeology and history (MAAR 36), Rom 1980, 261–275
Ringelmann, M.: Essai sur l'histoire du génie rural, Paris 1910 vol. III 544–556
Ritter, A. M.: Christentum und Eigentum bei Klemens von Alexandrien auf dem Hintergrund der frühchristlichen »Armenfrömmigkeit« und der Ethik der kaiserzeitlichen Stoa, in: ZKG 86 (1975) 1–25
Robinson, David M.: A New latin economical edict from Pisidian Antioch, in: Transactions and Proceedings of the American Philological Association 55 (1924) 5–20
Rogge, J.: Art. Brot, in: Bibl.-Hist. Handwörterbuch I (1962) 274
– Art. Mühle, in: ibid. II (1964) 1245–1247

Rostowzew, M.: Art. Frumentum, in: PWRE 7 (1912) 126–187
– Art. Congiarium, in: PWRE 4 (1901) 875–880
Rowland, R. J.: The ›very poor‹ and the grain dole at Rome and Oxyrhynchus, in: ZPE 21 (1976) 69–72

Schermann, Th.: Das Brotbrechen des Urchristentums, in: BZ 8 (1910) 33–52. 162–183
Schneider. A. M.: Die Brotvermehrungskirche von et-tabga im Genesareth und ihre Mosaiken (Coll Hieros 4), Paderborn 1934
Schneider, H.: Die Getreideversorgung der Stadt Antiochia im 4.Jh. n.Chr., in: Münstersche Beiträge zur antiken Handelsgeschichte 2 (1983) 59–72
Schuch, Th.: Die Gemüse und Salate der Alten in gesunden und kranken Tagen I: Blattgemüse und Salate. Botanischphilologische Abhandlung, Rastatt 1854 (in drei Heften)
Sethi, Simeon: Syntagma de alimentorum facultatibus, Leipzig 1868
v. Severus, E.: Art. Brotbrechen, in: RAC II (1954) Sp. 620–626
Snyge, F. C.: Common Bread, in: Theology 75 (1972) 131–135
Sparkes, B. A.: The Greek kitchen, in: Journal of Hellenic Studies 8l2 (1962) 121–137
Sperber, D.: Costs of living in Roman Palestine I–IV, in: JESHO (Journal of Economic and Social History of the Orient) 8 (1965) 248–271; 9 (1966) 182–211; 11 (1986) 233–274; 13 (1970) 1–15
– Aspects of Agrarian Life in Roman Palestine I. Agricultural decline in Palestine during the later principate, in: ANRW II 8 (1977) 397–443.
– Drought, famine and pestilence in Amoraic Palestine, in: Journal of the Economic and Social History of the Orient 17, 272–298
v. Stockar, W.: Die Urgeschichte des Hausbrotes, 1951
Strack, H. und P. L. Billerbeck, Kommentar zum Neuen Testament aus Talmud und Midrasch IV: Exkurse zu einzelnen Stellen des Neuen Testaments, 2. Teil, München 7. Aufl. 1978, S. 611–639: 24. Exkurs: ein altjüdisches Gastmahl
Stuck, G.: Antiquitates convivales, Zürich 1852

Teall, J. L.: The grain-supply of the Byzantine Empire, in: Dumbarton Oaks papers 13 (1959) 87–139
Tengström, E.: Bread for the people. Studies of the corn-supply of Rome during the Late Empire, Stockholm 1974

Van der Ploeg, G.: The Meals of the Essen, in: JSS 2 (1957) 163–175
Vandier, J.: La famine dans l'Égypte ancienne, Kairo 1936
Vogelstein, H.: Die Landwirtschaft in Palästina zur Zeit der Mischna. Der Getreidebau. Diss. Berlin 1894.

Währen, M.: Brot und Gebäck im antiken Rom, in: Getreide, Mehl und Brot, Bochum 26 (1972) 196–202
– Brot und Gebäck im Alten Griechenland, Detmold 1974
– Römisches Brot, in: Suisse Primitive 20 (1956) 19–22
White, K. D.: Wheat farming in Roman times, in: Antiquity 37 (1963) 207–212

Wellauer, H.: Über die Eß- und Kochliteratur der Griechen, in: Jahns Archiv 10, 176ff

Wörrle, M.: Ägyptisches Getreide für Ephesos, in: Chiron 1 (1971) 325–340

Zeilinger, F.: Das Passionsbrot Israels. Deutungsgeschichtliche Untersuchungen zum ungesäuerten Brot im Alten Testament, Diss. Graz 1963

Zerafa, P.: Passover and unleavened bread, in: Angelicum 41 (1964) 235–250

Der Autor

Klaus Berger, geboren 1940.
Professor für Neues Testament in Heidelberg.
Nach Promotion und Habilitation 1970 Universitätsdozent in Leiden/Holland.
Zahlreiche wissenschaftliche Veröffentlichungen.
Seine Bücher im Quell Verlag:
»Wie ein Vogel ist das Wort. Wirklichkeit des Menschen und Parteilichkeit des Herzens nach Texten der Bibel«
»Gottes einziger Ölbaum. Betrachtungen zum Römerbrief«